PETITES
VILLES D'ITALIE

IV

A ROBERT DE MONTESQUIOU

A L'ARTISTE, AU POÈTE; A MON AMI.

A. M.

OUVRAGES DU MÊME AUTEUR

LIBRAIRIE HACHETTE

PETITES VILLES D'ITALIE. 4 vol. in-8 carré.

Ire SÉRIE. TOSCANE, VÉNÉTIE. Un vol.
Couronné par l'Académie Française.
(Prix Marcelin GUÉRIN)

IIe SÉRIE. ÉMILIE, MARCHES, OMBRIE. Un vol.

IIIe SÉRIE. ABRUZZES, POUILLES, CAMPANIE. Un vol.

IVe SÉRIE. CALABRE, SICILE. Un vol.

Chaque volume, broché. . . . . 6 fr. »

PAYSAGES D'ITALIE. 2 volumes in-8 carré.

Ire SÉRIE. DE FLORENCE A NAPLES. Un vol.

IIe SÉRIE. DE MILAN A ROME. Un vol.

Chaque volume, broché. . . . . 6 fr. »

UN MOIS A ROME. Un volume in-8 carré, br. 6 fr. »

UN MOIS A ROME. Un volume illustré de 152 gravures et de 3 plans.

QUINZE JOURS A NAPLES. Un volume illustré de 124 gravures et de 16 plans.

QUINZE JOURS A FLORENCE. Un volume illustré de 125 gravures et de 16 plans.

QUINZE JOURS A VENISE. Un volume illustré de 130 gravures et de 16 plans.

Chaque volume in-16, cart. toile. . 12 fr. 50

L'ENSEIGNE DE GERSAINT. Un volume in-8, illustré de 10 planches, broché.. . . . 5 fr. »

L'ART DE VOYAGER EN ITALIE. Un volume in-8 carré, broché.. . . . . 6 fr. »

BIBLIOTHÈQUE DE GÉOGRAPHIE ET VOYAGES

ANDRÉ MAUREL

PETITES VILLES D'ITALIE

IV

CALABRE - SICILE

COSENZA — PAOLA — MESSINE — TAORMINA — CATANE — SYRACUSE — AGRIGENTE — PALERME — MONREALE — CEFALU — SEGESTE — SELINUNTE — MARSALA — TRAPANI, ETC.

SEPTIÈME ÉDITION

LIBRAIRIE HACHETTE
79, BOULEVARD SAINT-GERMAIN, PARIS
1920

PETITES
VILLES D'ITALIE

I

AVEC LES CHÈVRES

Cosenza.

De la côte méditerranéenne à Cosenza, je suis venu en omnibus automobile. La Calabre desservie par des voitures publiques automobiles ! Est-ce plus extraordinaire que Fra Diavolo colonel de la Sainte-Foi ? Oui, tout de même. La couronne de Ferdinand et la barrette de Ruffo devaient s'entendre avec le chapeau pointu. Mais l'automobile avec la Calabre ! Que de changements, dès lors ! Rien que cette perspective de grimper les douze cents mètres de montagnes, pour gagner la vallée du Crati, au moyen d'un appareil vertigineux, eût suffi à me décider à cette pointe au pays des légendes assassines et à me rassurer. Mes amis de Naples m'ont prévenu avec franchise et en toute humilité : la Calabre n'offre rien au glaneur d'art. Je leur ai fait valoir les devoirs que la conscience m'imposait. Comment, après n'avoir laissé inexplorée, ne fût-ce que d'un regard rapide, aucune province d'Italie, comment ne pas inscrire sur mon carnet le nom de la Calabre ? Elle est nécessaire à mon répertoire. Voilà bien mon châtiment. Peu à peu ma promenade, entreprise au gré de ma fantaisie, prend allure d'obligation, de système. Pourquoi tout voir ? Parce que j'ai tout vu, sauf cela. Je me révolte à l'idée que je serai taxé de négligence. Il faut essayer du moins, en dépit de ce dont on me menace. Depuis que je suis à Cosenza, je regrette d'autant plus mon scrupule que je le sens d'une inutilité absolue. Car, puisque je suis consciencieux, je ne puis faire moins que d'aboutir à ceci : O vous qui m'avez suivi à travers toute l'Italie, et qui, avec moi encore, vous dirigez vers la Sicile, voici une route que je vous adjure de ne prendre jamais !

Elle est magnifique, mais la ville qui est au bout ! Si l'on pouvait rouler toujours, et ne se coucher pas, manger non plus, ce serait un voyage merveilleux. C'est lorsqu'il faut s'arrêter que ça se gâte. On reproche beaucoup aux Français de rechercher excessivement leurs aises. Combien de fois, moi-même, ne me suis-je pas moqué de ces gens qui se décident à visiter telle ou telle ville par la seule raison que l'hôtel est bien tenu ? J'ai conscience pourtant d'avoir, dans les Pouilles entre autres, sacrifié le bien-être à la curiosité. Il y a une limite, cependant. Je l'atteins à Cosenza. Et je vois bien, maintenant, qu'une pudeur respectable se cachait derrière les conseils d'abstention, pour cause de néant artistique, de mes amis napolitains. Si l'on veut savoir, en effet, ce qu'est l'ordure, c'est en Calabre qu'il faut venir. Oui, je sais bien, nos pères en ont vu d'autres. Nos pères avaient Versailles qui empuantait d'ammoniaque. Mais Versailles a fait des progrès. La Calabre, non. Je le sens ! Et je ne suis pas mes pères ! Le voyageur du xxe siècle a besoin d'un minimum qu'il ne peut rencontrer ici. J'ai fini ma journée sur une montagne, au milieu des chèvres qui me paraissaient embaumées : voilà ! Et lorsque je leur ai parlé de Paul Louis Courier, elles m'ont paru me comprendre mieux que les hommes d'en bas. Dès lors, que ferais-je à décrire Cosenza, puisque vous n'irez jamais ? Au confluent du Crati et du Busento, commandant les deux vallées fameuses dans l'histoire des Normands et des Angevins, Cosenza est d'allure fière sur les flancs de la double montagne. Son jardin public offre une vue charmante sur la Sila dont elle est le marché. Là-haut, autrefois, des forêts impénétrables. Aujourd'hui, des pâturages qui nourrissent les bourgeois. La grande rue frôle la cathédrale, curieux monument d'architecture française, voire champenoise, mais encore bien défiguré par le XVIIIe siècle, si des pioches adroites sont en train de faire tomber les plâtres baroques et de dégager les pierres romanes. Et surtout, surtout, ce qui fait la seule beauté de Cosenza, son excuse aux yeux du voyageur égaré, son peuple multicolore.

Si vous aimez les choses brillantes, les soies, les velours et les ors, venez à Cosenza, un matin de marché. Sur le dos des femmes, vous verrez les plus éblouissants « boléros » que vous puissiez rêver, de velours rubis ou turquoise, tout soutachés d'ocre. De la taille, ensuite, s'évase démesurément et tombe court une jupe d'un damas mauve ou pourpre, à larges fleurs brochées, les plus belles soies que Lyon fabriquait, il y a un siècle, pour le lit et les fenêtres des palais royaux, des robes que des couturières ne vous ajusteraient pas pour moins de mille francs. Et, là-dessous, des jambes serrées dans des guêtres de laine roulée, comme des leggins, au-dessus des pieds nus. Sur la tête ? Oh ! c'est bien simple : liés l'un à l'autre, les sabots, importuns aux orteils, ont été posés en guise de chapeau. Las de glisser dans la fange, j'aurais voulu, moi, enfiler mes bottines dans ces sabots. La paysanne de Cosenza préfère piétiner le fumier. Elle est superbe ; son teint de bronze dans ces damas tendres et ces velours sombres, le fichu jaune nouant les cheveux et retombant sur la nuque, la chair des pieds sortant des guêtres sous les falbalas, elle balance ses paniers et secoue ses verroteries sur la chemisette blanche arrondie autour du cou dégagé. Et elle va, indifférente au ruisseau, aux immondices qu'elle foule, indifférente à ses atours autant qu'à elle-même, traînant sa robe séculaire au-dessus de la boue la plus suspecte, mélange prodigieux de beauté et d'ordure, de coquetterie et d'innocence, tous les contrastes de la plus stricte nature auprès du plus somptueux raffinement. La rue, en lit de torrent, de Cosenza, les Calabraises la descendent, droites dans leur taille effilée par tant de paniers et de casaques rondes, arc-boutées solidement sur leurs plantes souillées, leurs fermes jambes d'un dessin musclé dans la laine qui les serre bien cambrées, les seins en avant, la tête haute, les bras balancés, froufroutant et déhanchées. J'ai voulu en saisir quelques-unes à leur passage devant mon Kodak. Elles s'y prêtaient. Hélas ! tout, ici, est dans la couleur et dans le mouvement bien plus que dans la ligne. Si je ne veux pas en perdre le souvenir, il faudra jeter mes clichés qui ne peuvent me rappeler le scintillement ni la démarche. Et, conquis par ces vibrations de lumière et ces attitudes, je me dis que, tout de même, je ferai peut-être bien, demain, de continuer ma course en Calabre ? Le chemin de fer qui doit me conduire au bateau de Messine, passe en ce moment par Catanzaro, afin de gagner la côte ionienne, la voie, le long de la mer tyrrhénienne, étant coupée par un éboulement. M'arrêter à Catanzaro pour voir encore ces costumes calabrais ! Peut-être... Aujourd'hui, du moins, emplissons nos yeux de ceux-ci, rutilants, superbes, parures vraiment dignes de ce Versailles que j'évoquais, et qui retrouvent, à Cosenza, tout ce qu'on leur donnait de parfums à s'imprégner...

*
* *

Le marché fini, plus rien ne me retenait dans la ville immonde. Je suis allé trouver les chèvres au pied des murs de la citadelle normande. Et, devant la Sila que le Crati ceinture, j'ai prié le chevrier de siffler ses airs les plus calabrais. Il a préféré me demander du tabac et me raconter qu'il partait bientôt pour l'Amérique, y retrouver ses frères. Alors, je me suis entretenu avec ses bêtes, et Paul Louis Courier, vigneron, comme il s'appelait, s'est assis au milieu de nous.

Mais n'est-il pas toujours et partout avec moi ? Le plus loin que je remonte dans mes souvenirs, c'est son œuvre fidèle qui me revient. Il est l'un des premiers qu'un aïeul sagace ait mis entre mes mains. Les quatre minces volumes qui composent l'œuvre entier de Paul Louis Courier ne m'ont jamais quitté. Ils ont été le ravissement de mes dix-huit ans. Pour eux, ma tendresse n'a jamais varié. Aujourd'hui, comme il y a vingt ans, j'aime Courier à l'égal des plus grands. Je ne l'admire pas leur pair ; mais il me plaît sans déchet. L'associer à mes joies italiennes est un ravissement. Lui aussi connut ces pays enchantés, vibra à ces splendeurs que je découvre après lui. Et voilà que je l'aime un peu plus de ce que j'aime les mêmes choses qu'il goûta. Il fut à Rome, à Milan, à Bologne, à Barletta, à Tarente, à Cosenza surtout, où il résida longtemps. Comme moi, il rêvait de passer en Sicile ! Plus heureux que lui, je sauterai le phare, demain : je lui promets de l'emmener avec moi... Et, puisqu'il est, chez nous, des hommes pieux qui s'efforcent de venger certaines mémoires injustement délaissées, je voudrais qu'il s'en rencontrât pour offrir à celle de Paul Louis Courier toutes les réparations. Armand Carrel a dit de lui que la France n'avait pas possédé, lorsqu'il publia son premier ouvrage, d'écrivain de cette trempe depuis Pascal et La Fontaine. Mais un La Fontaine qui aurait participé au XVIIIe siècle, qui aurait connu Voltaire. Il est le fils direct de celui-ci. Moins fertile, moins universel que Voltaire, Paul Louis possède les mêmes qualités d'esprit que l'ancêtre de Ferney, la finesse, la raison droite, la bravoure et la clarté limpide. Il n'a pas l'ampleur de Voltaire ; il a plus de mordant, en revanche ; son bagage est plus léger, mais il contient moins de fatras aussi. Sa malice est plus nerveuse, plus nette. Son commerce avec les Grecs et sa fréquentation italienne ont affiné son esprit voltairien. Pas plus qu'à Voltaire, on ne peut « le lui mettre ». Plus que Voltaire, cependant, il est dégagé de préjugés. Voltaire est un peu snob, au fond. Paul Louis est plus purement « philosophe ». La veine française court, chez lui, filtrée, distillée, sans ces scories trop fréquentes chez l'auteur de *Zaïre* et de *La Pucelle* qui est bien le poème, non pas odieux qu'on voudrait qu'il soit, mais le plus puéril qu'on puisse imaginer. On ne peut, certes, comparer la pétition pour « ceux qu'on empêche de danser » à la défense de Calas. On ne le peut au point de vue social. Mais, littérairement, l'opuscule de Paul Louis vaut celui de Voltaire. J'y trouve même plus d'âpreté, plus d'énergie vivifiante, et plus encore, aussi, de cette belle veine de grâce insolente et de cette fermeté irréductible — la tête sur le billot — qui est l'une des caractéristiques de notre génie national. Nul, comme lui, ne sait dire les choses, et y tenir autant qu'à sa vie, avec une telle aisance, sous une forme dont le pittoresque et la pureté augmentent la persuasion. On a souvent dit que Voltaire était un grand journaliste. C'est un peu le diminuer, tout de même, et bien que la mission du journaliste soit l'une des plus nobles qu'on puisse se donner. Disons que Voltaire eût été un merveilleux journaliste de « feuilleton ». Paul Louis Courier serait, de nos jours, l'homme des « filets ». Il eût rédigé un éditorial comme jamais un maître du genre, un Francis Magnard, ne le rédigea.

Sensible, judicieux, cultivé, et doué à ravir, il eût fourni l'une des carrières les plus fertiles de notre temps.

Une seule, lorsqu'il naquit, lui était ouverte, celle des armes. Sa curiosité, sa sensibilité le jetèrent dans les rangs de Bonaparte. Avec Stendhal et Laclos, il représente l'intelligence dans les bataillons de la République et de l'Empire. Et il me paraît l'y représenter avec plus d'équilibre et de conscience. Laclos va mourir à Tarente, rejeté par un temps qui ne le comprend plus. Stendhal demande aux armes l'amour et l'oubli de soi; Stendhal s'ennuie éperdument dans la vie, au fond. Il joue au soldat afin de se distraire. Mais le militaire ne donne rien à Stendhal qu'il n'eût possédé sans son sabre. N'est-il pas frappant, d'ailleurs, que son Italie soit de sa période civile? Paul Louis, au contraire, est un militaire, peu glorieux, sans doute, mais strict. Oh! il répétera avec Lauraguais :

> Le sang sur mes lauriers coulait à mon retour,
> Ce qui m'en dégoûta plus qu'on ne saurait croire,

mais il accomplit sa tâche avec scrupule. Et, lorsqu'il l'oublie, c'est en faveur de son esprit et non de ses passions. Stendhal néglige ses fonctions pour courir auprès d'Angelina. Paul

Louis, à Rome, passe son temps à la bibliothèque du Vatican. Chez lui, il y a une pondération, un sens de droiture, un bon sens que l'auteur de la *Chartreuse* ne possédait pas. Stendhal a gagné à son exaltation d'être l'un des deux ou trois grands écrivains français. Paul Louis a gagné à ses campagnes d'être l'un des esprits les plus fiers et l'un des écrivains les plus purs de la France littéraire.

En 1803, Duroc et Marmont font nommer Paul Louis chef d'escadron. En 1804, il est à Barletta, en qualité de chef d'état-major de l'artillerie à cheval du corps d'armée de Gouvion Saint-Cyr. On le voit à Foggia où il se lie avec les bergers du *tavoliere*, à Cerignola où il évoque Bayard, à Lecce ; puis il retourne à Barletta, remonte jusqu'à Bologne et se bat enfin à Castelfranco, le 24 novembre 1805. Écoutez-le, au lendemain de la victoire : « Je suis couvert de gloire *in culo*, ou plus poliment *in tasca*... Nous avons pris un prince émigré. Il a un coup de fusil dans le ventre ; on s'occupe peu de lui ; on le laisse là, tout blessé qu'il est et Français. Nous n'aimons pas les émigrés ; à Paris on les honore fort. L'empereur les chérit et les révère ; c'est sans doute qu'il n'en peut faire comme il fait des comtes et des princes ». Quelle différence de ton avec

Stendhal éperdu de Napoléon ! Lors du Concordat, il est avec Delmas, Sarlovèze, contre « la capucinade ». Il est tout près de rendre ses épaulettes, non pas pour suivre quelque donzelle, mais par dégoût de ce qu'il voit d'hypocrisies impériales et de trahison à la vérité révolutionnaire. Il reste en se disant « qu'Homère était secrétaire d'Agamemnon », car il ne perd jamais l'humour.

En 1806, il est attaché au général Régnier qui doit prendre Naples et pacifier la Calabre. Le 14 février 1806, il entre à Naples ; puis il passe en Calabre, d'où il écrit : « Nous sommes dans une maison pillée ; deux cadavres nus à la porte ; sur l'escalier, je ne sais quoi ressemblant assez à un mort. Dans la chambre même, avec nous, une femme violée, à ce qu'elle dit, qui crie, mais qui n'en mourra pas. Voilà le cabinet du général Régnier ». C'est le 13 mars qu'il arriva à Cosenza, d'où il partit pour Reggio afin de recevoir Joseph, roi des Deux-Siciles. Et tout de suite, le lettré, le bon grécisant, le latiniste, l'écrivain enfin, éclate, mais, comme il fait toujours, dans un ton aisé et badin qui est du plus pur Voltaire : « Nous triomphons en courant, et nous ne nous sommes encore arrêtés qu'ici, où terre nous a manqué. Voilà, ce me semble, un royaume assez lestement conquis, et vous devez être content de nous. Mais moi, je ne suis pas satisfait. Toute l'Italie n'est rien pour moi, si je n'y joins pas la Sicile (Gœthe a dit : L'Italie sans la Sicile ne laisse aucune image dans l'esprit. C'est la clef de tout.). N'y pouvoir mettre pied, n'est-ce pas pour enrager? S'il ne nous fallait que du vent, nous férions comme Agamemnon, nous sacrifierions une fille; Dieu merci, nous en avons de reste. Je veux voir la patrie de Proserpine et savoir un peu pourquoi le diable a pris femme en ce pays-là. Je ne balance point entre Syracuse et Paris; tout badaud que je sois, je préfère Aréthuse à la fontaine des Innocents ».

Rappelez-vous Stendhal après sa campagne d'Allemagne et pesez la différence de qualité! Jamais Courier ne laisse piper sa clairvoyance; jamais son jugement ne sera mis en défaut par l'appareil de la gloire. La cour du roi Joseph l'écœure « plus qu'on ne saurait croire ». Il s'en console en travaillant : « D'un état en apparence ennemi de toute étude, je fais la source principale de mon instruction en plus d'un genre. C'est à la faveur de mon harnais que j'ai parcouru l'Italie, et notamment ces provinces-ci, où l'on ne pouvait voyager qu'avec une armée. Je suis épris de la Calabre, et, quand tout le monde fuyait cette expédition, moi seul j'ai demandé à en être. Maintenant je lorgne la Sicile, je ne rêve que les prairies d'Enna et les marbres d'Agrigente! » De quoi donc rêvait Stendhal à Milan? De la Scala...

Courier va, en effet, pouvoir passer en Sicile. Il est venu à Tarente pour y embarquer des canons qu'il dirige, monté sur une felouque, vers la Trinacrie. Les Anglais lui donnent la chasse. Il perd la tête et, pour ne pas être pris, il coule la felouque et se jette dans une barque. Mais la felouque ne coule pas... et la barque atteint le rivage. Les canons sont repêchés par les Anglais, et Courier arrive à Cosenza où Régnier le reçoit mal. Il réplique vertement, et Régnier le renvoie de nouveau à Tarente, où il retombe sur la cour de Joseph : « Quelque part qu'on s'arrête, tout le monde se met à faire la révérence, et voilà une cour. C'est l'instinct de nature. Nous naissons valetaille. Les hommes sont vils et lâches, insolents, quelques-uns par la bassesse de tous, abhorrant la justice, le droit, l'égalité; chacun veut être, non pas maître, mais esclave favorisé. S'il n'y avait que trois hommes au monde, ils s'organiseraient; l'un ferait la cour à l'autre, l'appellerait Monseigneur, et ces deux forceraient le troisième à travailler pour eux. Car c'est là le point ». Il est admirable de clairvoyance, dans le succès comme dans la défaite. Jamais on ne le prend en faute de vertige orgueilleux. Il juge toujours ce qu'il fait et voit faire, avec droiture et justesse. « Les horreurs et les bouffonneries dont je suis témoin sont la honte de l'espèce humaine. C'est là, néanmoins, l'histoire dépouillée de ses ornements. Voilà le canevas qu'ont brodé les Hérodote et les Thucydide ». Mais allez donc l'empêcher d'avoir de l'esprit ! Et le voilà parti à raconter ses exploits contre les bandes, ces bandes que Manhès égorgera bientôt, comme s'il composait quelque conte savoureux à la manière du XVIe siècle. Et il finit en pleurant son Homère qu'il a perdu.

Cependant, ce métier de gendarme lui répugne de plus en plus. Il est écœuré de ces boucheries, de ces guet-apens, de ces massacres d'innocents ; avec cela « des femmes plus qu'on en veut ; Calabraise et braise, c'est tout un ». « Je deviens méchant. Je rêve jour et nuit aux moyens de tuer des gens que je n'ai jamais vus, qui ne m'ont fait ni bien, ni mal ; cela n'est-il pas joli ? » « Nous prenons un petit royaume pour la dynastie impériale. Qu'est-ce que la dynastie ? Méot, le cuisinier du roi, vous le dira : — Méot, dit le roi, tu me pousses ta famille, tes nièces, tes cousins, tes neveux, tes fieux ; tu n'as pas un parent à la mode de Bretagne, marmiton, gâte-sauce, qu'il ne faille placer et faire grand seigneur. — Sire, c'est ma dynastie ». Il n'en peut plus, et s'évade de cette Calabre où il joue au bourreau. A Naples, il traduit Xénophon, dans l'intervalle courant les rues « sur un cheval bridé et équipé à la grecque, sans étriers, sans fers, et au galop ». On l'envoie à Vérone. Il ne s'y rend que six mois après — ne fallait-il pas finir de traduire Xénophon ? La Calabre l'a lassé du métier. Il essaie bien encore de rester au poste. Il ne peut pas. En 1809 il démissionne : les lettres ont vaincu les armes.

Que j'aurais aimé, à Cosenza, retrouver sa trace ! Son nom même a disparu des mémoires. Du passage des Français en Calabre, où Murat est encore béni pour son administration prévoyante, il est resté de nombreuses traces. Dans le langage on retrouve beaucoup de mots français, comme le verbe *tombare* au lieu de *cadere*, *l'ô* pour *l'acqua* — et les injures ! Toutes les nôtres. Du plus mémorable conquérant de la Calabre, Cosenza ne se soucie pas. Et c'est encore auprès des chèvres que je le rencontre le plus sûrement. Les petites bêtes au front aigu, aux reins souples, aux pattes solides et agiles, aux coups de tête et aux bonds de joie et de liberté, voilà le génie même de l'écrivain judicieux, nourri de pure moëlle latine, verbeux, gai, spirituel au possible, plein d'humour enfin dans la correction et dans le jugement. C'est Voltaire sans ses maux que Paul Louis Courier, plus vif encore, plus libéré aussi, s'il ne peut prétendre au génie, à cette flamme communicative, entraînante que dégageait Voltaire. Et encore, mieux que Voltaire, peut-être, il use de la langue la plus châtiée, limpide et pittoresque qu'on puisse entendre, si elle est moins riche. Qui donc s'attachera à rendre à Paul Louis Courier la place de grand écrivain à laquelle il a droit?

II

LES NOCES DE CANA

Paola.

La nuit m'a rappelé à la réalité. Au réveil, je n'ai plus eu qu'une idée : fuir au plus vite une ville trop peu hospitalière. L'automobile est une bien belle invention ! J'attends celle qui m'amena, avec autant d'impatience que César, à Brindes, attendait les vaisseaux où il devait monter pour passer à Pharsale ! Hélas ! elle ne vient point ! Les heures s'avancent et la montagne est si haute, si longue à franchir ! Encore une nuit ici ? Que ne puis-je, sac au dos, m'élancer le long des crêtes ! Un ouvrier, à ce moment désespéré, s'approche de moi, et me propose de négocier avec un bourgeois de la ville, propriétaire d'une automobile, mon retour à la côte. Une heure après, je roulais dans la vallée du Crati, vers la délivrance. Ce fut merveilleux et terrible. Un petit chauffeur de quinze ans conduit la lourde et puissante machine. Pendant les premiers kilomètres, il arrête vingt fois, tantôt pour nettoyer les pistons, tantôt pour graisser, tantôt pour serrer les écrous. La belle insouciance italienne, que je connais bien, s'étale sous mes yeux avec toute son effarante fatalité. Cette route, je l'ai faite hier en sens inverse, et je la sais calamiteuse. Il ne faut rien moins que grimper six cents mètres pour en descendre un millier. Et quelle descente ! Vingt-cinq lacets au flanc du rocher à pic que baigne la mer. Me voilà seul, aux soins d'un enfant, le long d'une route fantastique, dans le plus vertigineux des appareils. Lorsque j'arrive au haut des monts, pour descendre enfin, j'ai la sensation très nette que je parviendrai certainement en bas, mais beaucoup plus rapidement peut-être que je ne l'espérais tout à l'heure. Au premier virage, la voiture penche et patine. « *Sia prudente !* ». Le jeune homme sourit et poursuit son chemin. Cinquante fois ainsi, les tournants pleins d'angoisse seront pris. J'ai posé le pied sur le marche-pied, prêt à sauter, à me tuer du moins moi-même. Ainsi résolu et résigné, j'ai regardé autour de moi. Lorsque nous arrivons sur la crête, il est six heures passées. La fraîcheur tombe déjà, et la brume se lève. Au-dessous de nous, les pentes droites de la montagne tombent comme un mur. La mer semble l'eau d'un lac abrité. Elle est mauve, toute rose dans les brouillards. Les verdures de ses bords deviennent noires, si quelques clochers retiennent encore quelques lueurs sur leur brique. Ces clochers, c'est Paola où je dois coucher. Quel gîte m'attend ? Le couvent de San Francesco di Paola, saint François de Paule, m'a été indiqué comme préférable aux auberges. Il ne peut être pire. Et de quelle étoile il luit pour moi ! Lui seul éclaire l'immensité qui m'environne, magnifique de grandeur et de mystère, les monts entassés et précipités, cette mer plate et silencieuse, ce chemin virevoltant et ce vent qui glace dans la nuit montante. Déjà le bas du rocher a disparu, tandis que la route brille encore. Il semble maintenant que nous courons vers un abîme sans fond. Les lacets enfin passés, la voiture semble voler vers le néant, descendant la côte droite, dont elle craint, peut-être, la nuit. Dans le village, nous passons en trombe, mugissants. Lorsque nous nous arrêtons, la nuit est venue tout à fait. Un facchino charge mon sac sur son épaule, et nous gagnons l'asile espéré et promis.

Cette soirée passée à Paola restera comme l'un des plus charmants souvenirs de ma vie.

Cette nuit, non moins abominable que celle de Cosenza, est pourtant l'une de celles où je fus le plus sûrement heureux. Et cette matinée radieuse, malgré son jeûne ! est l'une des plus nourrissantes que mon âme ait jamais goûtée. Qu'est-ce donc ? Oh ! rien, ou presque ; de la jeunesse, de l'innocence, un retour aux années de l'enfance, des rires, des bonnes grâces à foison, et cette sympathie qui éclate tout à coup entre des êtres qui ne savent même pas leurs noms, qui ne se reverront jamais et qui veulent épuiser, en quelques instants, tout un infini de communion.

Lorsque j'arrive au couvent, j'aperçois les ombres noires des moines qui errent sur la plate-forme étendue le long du torrent. Le monastère est à cheval sur celui-ci, allongeant, entre l'eau tapageuse et le rocher, deux longues ailes où pointent quelques lumières. Le rocher surplombe de partout, écrasant le lit des cailloux bousculés et les bâtiments trapus, et menaçant jusqu'à la mer toute proche — j'entends ses vagues. Les ombres me regardent passer, je les regarde immobiles et les salue. L'une enfin se détache de la masse. Je demande l'hospitalité, et nous voilà partis à travers les couloirs, sans fanal et sans bâton, le bruit seul des souliers bien ferrés qui marchent devant moi, pour me guider. Nous allons ainsi, dans l'obscurité totale, nous allons, et je comprends que c'est là-bas, tout là-bas, au bout d'une des ailes que l'on va me déposer. Des portes, à chaque pas, trouent le mur. Qui est là, derrière elles? Des frères qui prient? Non, personne ! Les moines ont leurs cellules dans l'autre aile. Loin, très loin d'eux, est l'hôtellerie. On s'arrête enfin, avec le mur. Des clefs se trémoussent, des portes gémissent, un briquet crépite et voici mon lit. Dans une chambre ouverte sur le torrent, qui chante pour me souhaiter la bienvenue, une planche sur châssis porte une paillasse et un matelas. Une chaise, un prie-Dieu, et c'est tout. Que m'importe ! Je vais être seul, sans tapis et sans rideaux, enfin ! Déjà, on m'apporte des draps rudes... Et voici que je vois mes hôtes. Ils ont vingt ans. De purs et frais visages de beaux jeunes gens paisibles, qui me regardent en souriant, confiants déjà, curieux aussi de cet étranger envoyé par le ciel. Que pensent-ils? Qu'attendent-ils de moi qui vais jeter un peu de trouble dans leur vie si calme, et dont inconsciemment ils espèrent un peu de ce monde renoncé? Je les sens qui frémissent de toute leur ardente jeunesse, de tout l'inconnu que leurs études leur font pressentir. Combien nous sommes étrangers l'un aux autres! Si loin! Et pourtant si près par le besoin commun de nous épancher, d'apporter chacun notre mystère, pour nous enrichir mutuellement. Ils me parlent, je leur réponds. Je les interroge, ils me questionnent. Ils me disent leurs travaux, au collège de Sorrente d'abord, puis ici où ils passent dix ans. Après, c'est l'inconnu de l'évangélisation. Je suis tombé sur un collège de missionnaires, je suis au milieu d'enfants qui se préparent à courir le monde où ils porteront la parole en laquelle ils croient. Quand, à leur question, je leur dis pourquoi je viens les voir, mon souci de voyageur littéraire, ils se réjouissent de penser que je puis être utile à l'œuvre de saint François de Paule. Et j'éprouve du soulagement à ne pas leur cacher mon dessein. Je sens que je n'écrirais pas ces pages, si reconnaissantes qu'elles soient, sans leur aveu. Ils m'entraînent, alors, vers leur bibliothèque, me montrent les vénérables livres où ils puisent leur science apostolique. Puis, sur un balcon, au-dessus du torrent, nous nous tournons vers la mer qui m'emportera demain, qui les portera bientôt. Peu à peu, je m'abandonne à leur fraîcheur, je suis gagné par leur jeunesse, et c'est le collégien d'autrefois qui reparaît en moi, avec ces jeunes hommes si paisibles et pleins d'une allégresse ineffable de pureté.

Ils m'ont dit : « Nous allons à la chapelle ; nous viendrons vous chercher dans une heure, à neuf heures et demie, pour le souper ». J'ai faim... Et je songe que, à Cosenza, je n'avais pas d'appétit... A cette heure, celui de mes quinze ans se fait impérieux. Une heure encore... Mais je n'oublierai jamais le regard si tendre de mes amis de Paola, lorsque je leur déclare que je les accompagnerai à l'église. J'y ai été sage, malgré la faim. Tandis qu'ils psalmodiaient, j'ai lu les évangiles, dont le latin me faisait revivre toutes mes années de collège. J'étais à l'étude, au milieu de mes camarades, et, lorsque nous avons pris le chemin du réfectoire, je me suis mis dans le rang.

Autour d'une grande salle voûtée, toute suintante sous deux ou trois lampes avares, des tables sont alignées. Le supérieur se lève à mon approche, m'indique un banc auprès de lui. Un moine monte dans une niche et lit. Mais personne ne l'écoute. Cinquante yeux luisants sont braqués sur moi et me dévorent. Un homme paraît, chargé d'un plateau couvert de petites assiettes. Le supérieur se lève, prend l'une de celles-ci et la pose devant moi : c'est de la salade. Bravement, je pique dans la verdure, écœurante comme le sera, tout à l'heure, le poisson bouilli. Et je ne pense qu'à une chose : Pourvu qu'ils ne voient pas mon dégoût! Mais le pain est abondant; dans une petite bouteille, du vin scintille. Ceci fera passer cela. Le lecteur lit toujours cependant. Le supérieur me guette du coin de l'œil. Il a surpris, tout de même, le léger sursaut que je fais au premier passage du poisson. Il fait un signe, et voici qu'on m'apporte d'autre poisson, mais froid celui-ci, et des citrons. Et on me regarde toujours... Je bois allègrement, je mange lentement et je souris autour de moi, entre chaque bouchée. Mais le lecteur, lui aussi, me regarde; il « bafouille » quelque peu. Le supérieur l'interrompt. En l'honneur de l'étranger, on va causer ce soir :

« Vous avez remarqué l'inscription de votre bouteille : Eau miraculeuse de saint François?

— C'est le miracle de Cana, dis-je; l'eau est changée en vin ».

Cette plaisanterie fait sauter la bonde du tonneau, et toute la gaieté qui remplissait ces jeunes cœurs, et le mien, a débordé. Qu'avons-nous dit ? Des folies. Qu'avons-nous fait? Des gamineries. J'ai sauté par-dessus la table pour aller m'asseoir auprès de celui que l'on me désignait comme sachant un peu le français, et que j'ai fait parler, aux éclats des autres. J'ai raconté mon voyage, en insistant sur les incidents comiques. Le repas — salade et poisson — fini, je les ai tous traînés à ma suite dans les cuisines où, devant les fourneaux, je leur ai fait un cours de français... En vérité, quand je veux me rappeler cette soirée, aucun détail autre que puéril ne me revient. Et pourtant, voici vraiment le plus riche souvenir qui me restera, riche d'abandon juvénile, d'insouciance enfantine, de pure gaieté, de cette joie que mes hôtes assurent être celle des cieux. Au milieu de ces enfants, sous l'œil indulgent du supérieur, qui aurait bien voulu rire aussi avec nous, j'avais leur âge et leur ignorance. Pendant une heure, je ne me suis pas senti étranger aux hommes qui m'entourent. Toute la confiance de l'enfance était en moi, ce besoin de fraternité, cet abandon qui est toute la volupté de la jeunesse.

Au bruit du torrent, loin de tous, dans ma chambre écartée, je me suis couché sur le lit sévère, roulé dans mon manteau. Cosenza me fut moins dure. Et pourtant ! Ah ! c'est qu'ici j'ai trouvé la bonté et la générosité du cœur, j'ai vécu des heures d'une douceur totale, des heures de paix absolue et d'allégresse extrême. J'ai été jeune, pour tout dire, et c'est encore ce dont notre notre pauvre humanité s'enivre le plus. Le matin, à six heures, la bande de mes amis est venue me chercher. Nous étions, tous, un peu honteux de nos enfantillages du soir. Et c'était charmant, notre pudeur sans honte, notre bonheur, au fond, d'avoir été gamins. Puis mon facchino est venu prendre mon sac; j'ai quitté le couvent de San Francesco, affamé, moulu, mais tout vibrant encore de bonheur parfait. Aurai-je maintenant le courage de repasser la montagne? Une fois la porte franchie, l'enchantement a disparu. Les misères d'hier et celles de cette nuit se font sentir dans mes reins meurtris... Catanzaro, Cotrone, Reggio, avec mes amis de Paola, je les affronterais encore. Seul, toute vertu m'abandonne. Pour achever ma défaite, j'apprends que la voie est libre maintenant sur la côte tyrrhénienne. Depuis hier, le train peut passer. Ce que je vois devant moi, tout près, le temps de déjeûner dans le wagon-restaurant, c'est Villa San Giovanni, le bac de Messine, la ville écroulée et Taormina enfin, Taormina où le lit immaculé et la table savoureuse de Timeo me sont réservés. Poussant mon facchino qui me croit fou, je cours vers la gare, éperdu. Si j'allais manquer le train! Je viens de souffrir tout ce qu'un civilisé sans exigence peut endurer, dans son besoin du plus modeste bien-être. J'ai dépassé, à Paola, au cours de ce souper et de cette nuit sur une planche, tout ce que j'avais rencontré de rigueur dans les Pouilles et à Cosenza. Et maintenant, dans le train qui m'emporte vers la Sicile, tout s'efface ; toute malédiction s'apaise ; je ne vois plus que les visages souriants des mes jeunes amis, grâce à qui, parce qu'ils ont réjoui mon cœur et ravivé toute ma jeunesse, la Calabre restera l'un des plus chers et purs souvenirs de mes vagabondages.

III

AU PAYS D'ENCELADE

Messine.

QUEL est le voyageur assez déshérité pour mettre le pied sur l'antique Trinacria, sans donner à son cœur le sursaut virgilien ? « Muses de Sicile, raffermissez mes chants ! » Virgile, s'adressant à Pollion, éprouve la nécessité de se recommander de Théocrite, et ses soupirs embaument tous les parfums de la Grèce. Il n'est pas un Latin qui puisse venir ici bras ballants et tête vide. L'ardeur sacrée qui nous saisit au Forum romain, nous brûle encore en Sicile. Aréthuse et Cyané déversent le propre sang de nos veines. Et, parmi ces Latins, il n'est pas un Français qui descende sur les rives où Daphnis et Eschyle expirèrent, sans ajouter à ces prodiges dont il s'est toujours bercé, sans y ajouter le souvenir attendri de ses frères normands. Virgile s'inspirait de ses maîtres. Nous nous inspirons des mêmes, et nous dressons à leur côté la mémoire du seigneur de Hauteville, près Coutances, dont les enfants, éphémères comme les Grecs, les Romains, les Arabes, les Anjous, les Aragons et les Bourbons, surent cependant laisser impérissable la trace heureuse de leurs pas. La belle terre pour nous ! Agrigente et Monreale, Palerme et Syracuse, Selinunte et Cefalù ! La Grèce et la France se sont rejointes dans le sein de Trinacria. Et si les Normands semblent refuser toute chaîne antique pour en forger une neuve qu'ils fermeront, ce n'est qu'apparence. Nos frères, nous les connaissons. Lorsqu'ils atterrirent à Messine, l'Adriatique et la mer Ionienne, Brindes et Tarente les avaient déjà conquis, et, s'ils purent inventer la chapelle palatine, cette audace après la timidité de Saint Nicolas de Bari, c'est que, au cours des cinquante années qui séparent l'érection de ces deux monuments, leur âme s'était haussée, leur esprit s'était ouvert au coudoiement du miracle grec. Le savant, dont le devoir est la précision, le réalisme et la méfiance, ne peut que constater l'indifférence des Rogers ; le poète, dont la mission est de démêler les remous des flots en tempête, le poète connaît bien l'action mystérieuse de la beauté. Ayant vu les temples de Hiéron, de

Théron et de Pammilus, nos pères osèrent se livrer à leur génie. Leur œuvre prouve qu'ils étaient sensibles ; ils sentirent. Leur grandeur fut double, puisqu'elle réalisa le double chef-d'œuvre de monuments parfaits exécutés dans une indépendance vigoureuse.

Celui qui vient ici pour réveiller les deux chants, doit imiter nos gars normands, et voilà les muses de Sicile, cette fois, plus justifiées que chez Virgile, de leur pluralité. Tour à tour, le voyageur devra invoquer Clio ou Polymnie, et faire vibrer la lyre sur des modes différents, tout en priant Euterpe de l'inspirer toujours. Mais la jalouse Melpomène demande sa part, tandis que le lourd vapeur, ayant quitté les rives de Calabre, nous emporte vers Messine ; Calliope nous rappelle les ruines de Troie. Et c'est un autre mode qu'il faut trouver encore, pour dire le désastre d'hier avant de fixer, une dernière fois, le souvenir d'une ville et de quelques œuvres que personne ne reverra jamais plus, avant aussi de demander à Denys et à Roger de nous parler tour à tour.

Tandis qu'il lançait son yacht nonchalant entre Charybde et Scylla, Guy de Maupassant écrivait sur ses tablettes : « Les rives de Sicile et les rives de Calabre exhalent une si puissante odeur d'orangers fleuris que le détroit tout entier en est parfumé comme une chambre de femme ».

L'écrivain normand songeait à sa volupté. L'amour est *fort comme la mort,* dira-t-il plus tard. Les rives de Sicile lui prouveraient à cette heure que la mort est la plus forte; l'odeur abominable a triomphé des parfums énivrants. Sur « la chambre de femme » flotte la plus nauséabonde pestilence. L'ivresse de Maupassant se change aujourd'hui en écœurement. Avant qu'on ait eu le temps, en effet, de se rendre compte du cataclysme, il vous saisit à la gorge. Tout de suite, on songe aux cadavres qui pourrissent encore sous les décombres. Les plus optimistes les évaluent à vingt mille. Chaque pas que l'on fait piétine une tombe. Il n'y a plus de rues, mais une série de montagnes faites des maisons renversées. On ne peut avancer sans grimper, et ces tas de gravats, hauts de 10 et 15 mètres, longs de cinquante ou de cent, se composent de pierres, marbres, plâtres, meubles, écroulés sur leurs maîtres. On va, foulant, à fleur de poussière peut-être, des pères et des filles enlacés. Qu'une odeur abominable ait monté de ces ruines, on le conçoit. Mais voici des mois écoulés, et Messine dégage toujours d'âcres parfums. Oh! je la reconnais bien, cette odeur! C'est celle qui m'offensa tant de fois dans les Pouilles, en Calabre, où l'abandon humain atteint sa suprême tristesse. Messine, aujourd'hui, ne sent pas le mort. Elle sent le vivant, et c'est l'horreur même. Des soldats y campent. Des habitants tenaces s'y terrent. J'ai vu, au flanc d'une maison coupée en deux dans le sens de sa hauteur, et au deuxième étage, un appareil sanitaire tout brillant, intact. Qui donc peut monter s'en servir? L'odeur de la mort serait moins tragique que celle-là.

Il n'y a plus de ville. Si exacte et éloquente que soit une description, jamais on ne pourra, à lire, se rendre compte. Il faut avoir vu. A la lettre, il n'y a pas une maison debout. Des murs encore, mais de maison point. Soit le dedans, soit la façade, rien qui reste entier. Sur la palazzetta, où l'on débarque, la ligne demeure, et encore çà et là éventrée. Mais tous les faîtes sont à terre, et surtout tous les corps. Des manteaux sans ossature pour les porter, qui se tiennent par leur poids et leur raideur, mais qui ne couvrent, ne cachent plus rien. Visage de momie, assez semblable aux cadavres des Capucins de Palerme, soufflés, rigides, le squelette en poussière. Et c'est une ville nouvelle que l'on parcourt, où il est impossible de retrouver la physionomie d'autrefois. Le plus familier avec Messine serait sûr de s'y perdre aujourd'hui. J'ai demandé le chemin de la cathédrale. On m'a montré, derrière six montagnes, une fenêtre verte : c'est là. Cette rue droite, qui y mène, n'est plus une rue. C'est un sentier de l'Oberland ou du Tyrol qu'il faut suivre, grimpant, dégringolant, glissant. J'ai gravi les pics qui me mettaient au niveau des étages d'où pendent les bambous des plafonds, où se tiennent, sur deux pieds, armoires et lits, où s'agrippent plâtres et tentures que le vent secoue. J'ai cherché partout, sans la trouver, la rue plate, nette et viable. Il n'en est pas une où il ne faille escalader, et, ce qu'on escalade, ce sont des tas de cadavres sous leur toit effondré. Où que l'on se tourne on ne voit qu'arrachements et débris. Les moins touchées appellent les lierres poétiques et les lianes pudiques. Les places sont libres cependant, et les arbres y balancent leurs feuilles tendres. Sur la côte de Calabre, je l'avais vu : les arbres n'ont pas souffert. Orangers et citronniers ploient sous le faix de leur récolte. Palmiers de tenir droite leur tête à l'abondante chevelure. Il semble que la terre ait respecté son œuvre, tandis qu'elle poursuit, à se venger des hommes qui la surchargent, un plan implacable. Les places de Messine ombragent les baraques, comme si, par une suprême pitié, la terre avait permis ce dernier asile à ses importuns occupants. Et cette mansuétude amère nous repousse à l'égal des nausées.

Si l'on était seul, on se sauverait. Des gens vivent parmi ce charnier et ces excréments, des gens y font leur négoce. J'ai vu, dans la gare, un wagon installé en « office », et dont une pancarte apprenait la destination : *Agenzia di pubblicità!* Cela, à côté des bâtiments ruinés, de cette gare tout effondrée en son centre, comme si un cyclone de dix mètres de largeur avait passé, dédaignant les extrémités. Alors, au milieu des popotes et des badauds, on va, courageux par vanité, intrépide malgré le cœur aux lèvres. On monte, on descend, on cherche son chemin dans ce qui fut de belles rues à l'alignement, droites. Et, par-ci par-là, on reconnaît une façade, un coin de chambre, un morceau de fontaine, ou quelque objet familier, quoique jamais vu, fauteuil, amours peints, lanterne. L'œil sur l'étoile verte de la fenêtre, je suis arrivé sur la place de la cathédrale. Est-ce elle, cela ! La belle façade chantante de marbres colorés est tombée en avant comme un paravent de cheminée, et elle gît répandue, mêlée à son fronton. Le mur seul est debout ; fermant sur quoi ? Sur des monceaux de tuiles et de poutres, de colonnes et de statues émiettées. Plus de toit, plus rien qui se cache du soleil. L'abside, la triomphante abside d'or renvoie vers l'astre ses rayons rivaux. Et c'est terrible. Les vieilles mosaïques se penchent sur l'abîme, effarées de leur propre rutilement. Le Christ énorme, colossal, la face courroucée, semble présider à tout ce désastre et s'en repaître. Où est l'indulgent et bon Jésus ! On ne voit que le Dieu d'Israël dans toute sa colère. J'ai voulu fixer son image : j'ai grimpé sur les décombres accumulés d'une maison, et mon objectif s'est trouvé à la hauteur même du visage vengeur.

Cette église décoiffée, et cette ruine d'hommes et de leurs êtres montant à la hauteur d'une voûte d'abside, que pourrais-je trouver qui représentât mieux l'étendue du désastre, et son horreur ? Ils sont venus par milliers, les touristes de ces vacances dernières, armés de kodaks et de sels. Autour de moi, quelques-uns font, comme moi, jouer leurs obturateurs, et j'aurais voulu fixer leur angoisse comme ils veulent, je le devine, fixer la mienne. A quoi bon dire, après cela, la suite de ma course? J'ai monté encore, j'ai sauté, j'ai enjambé et j'ai senti passer le frisson de la peur, non pas l'appréhension d'un nouveau cataclysme, mais la peur qui nous saisit toujours lorsque nous nous trouvons au milieu des choses inconnues, au milieu des fantômes. On se sent si étranger, l'âme est si vide, si inerte, le cerveau a tant de peine à enregistrer, encore moins à comprendre, que l'on est agité d'un sentiment d'épouvante. On n'est sûr de rien, pas même de soi, qui ne trouve aucun émoi reconnaissable où se raccrocher. Le placide Sicilien qui trottine à mon côté, que me veut-il? Il ne peut être venu ici que pour des tâches louches. Je le dépasse vite, et je le guigne à chaque tournant. Que vais-je rencontrer à ce coin tout proche? Quelle embuscade? Les soldats eux-mêmes, qui me regardent, ne m'inspirent aucune confiance. Il n'y a rien d'humain ici. Lorsqu'ils descendirent aux enfers, Virgile avait auprès de lui la Sibylle, et Dante Virgile, pour réconforter leur main. Parmi cet enfer infect, désordonné et ruiné, nulle main qui soutienne, nulle main familière. On est vraiment perdu, petit enfant qui voit pour la première fois une forêt, et s'y égare. Ce cercle-ci est nouveau. Dante lui-même n'y pénétra pas. Et tout homme qui s'y est hasardé peut dire, oh ! sans fierté, qu'il a connu une émotion que jusqu'à ce jour les voyageurs, et peut-être même tous ses frères, ne connaissaient pas.

En hâte, j'ai gagné la palazzetta ; auprès des flots amis, du moins, je reprendrai le cher fil qui me conduit ordinairement. Pauvre palazzetta, qui ressemble au chantier des travaux lorsqu'on perce un boulevard ! Tout s'y mêle, le long des palais qui n'ont gardé que leur décor, véritable décor, sans rien derrière lui. Et, au pied, chacun a mis ce qui le gênait le plus. C'est un entassement de toutes choses, comme si un village allait émigrer avec ses meubles. On bute contre de tout. On enjambe de tout. On s'assied sur les plus improbables objets, non moins surpris que nous ne le sommes de les y voir, de se trouver au grand air, sur la place publique. Des barques se balancent, des vapeurs sifflent en entrant au port, des voitures à bras circulent, des gens portent des fardeaux, des marchandises s'échafaudent. Cela est d'un comique sinistre, cet essai de vie dans cette mort impossible à ressusciter. Ces gens ont l'air de se jouer la comédie, de faire semblant, pour se persuader qu'ils vivent encore.

Ils veulent croire que Messine revivra, ils se le disent, et, pour s'en convaincre, ils font les gestes de la vie. J'ai fait comme eux... Assis sur les marches de la fontaine de Montorsoli, j'ai évoqué le souvenir de la visite que je fis à Messine autrefois. A l'horreur, j'ai voulu substituer la grâce et la joie d'autres années, et j'ai demandé à mes souvenirs de chasser miasmes et terreur. Avant d'enterrer Messine, je voudrais qu'elle me sourie une dernière fois.

La voici, la blonde Messine, au pied des monts Péloritains, ruban rose noué autour d'un cou. Du port calabrais où l'on s'embarque, la longue ligne de son quai s'applique à la montagne et semble la serrer étroitement. A droite, la côte s'avance protectrice, comme un paravent disposé contre l'aquilon. A gauche, elle fuit mollement vers les rochers de Taormine, au-dessus desquels l'Etna fume son inquiétante cigarette. Peu à peu, tandis que le bac « poursuit de son chemin le tout petit bonhomme », on voit les monts, si ce n'est s'éloigner, du moins s'adoucir; leurs pentes sont plus molles, leurs découpures se précisent et se multiplient, et les essences des arbres distinguent leurs différentes verdures. La ville monte sur l'horizon mouvant des chênes et des châtaigniers; elle se déploie et s'étale, toujours rose et frémissante, sur l'ardeur bleue du ciel. La rade se remplit de voiles et des fumées que crachent les vapeurs. On aborde. Et c'est le grouillement de tous les ports, dont la futaille fait à peu près tous les frais. Des tramways passent, des facchini s'empressent, des ouvriers regardent... Le petit commerce, les aventuriers de la bonne fortune vous guettent, anxieux, et le marchand de poterie, ses cruches sur les épaules, sur la poitrine, voire sur la tête, ses belles cruches rouges aux anses fragiles, offre sans conviction sa marchandise à votre choix.

Un monument, tout de suite, retient le passant, la fontaine de Neptune. Le dieu des eaux vient de sortir de l'onde, trident en main gauche, la droite étendue d'un geste apaisant. Il a calmé les flots, ses sujets, pour venir prendre l'air terrestre, — que n'a-t-il aussi calmé la terre! — et Charybde et Scylla, de chaque côté, entre quatre chevaux marins, disent leur surprise. Elles disent aussi leur bienveillance exclusive à leur maître : d'autres que Neptune ne s'échapperaient pas si facilement de leurs bras. Cette fontaine est l'œuvre de Montorsoli, l'un des plus personnels élèves de Michel Ange, ce qui ne veut pas dire qu'il fît preuve d'une originalité absolue. La critique a trouvé, dans les ouvrages sortis de sa main, beaucoup d'influences. Celle de Michel Ange d'abord et bien entendu : Charybde et Scylla, en effet, ont des poses « sixtiniennes ». Celle d'Andrea Sansovino, moins visible ici; celle des Lombardi — et jusque, paraît-il, Pérugin ! Rien de ces dernières inspirations n'est évident. Seul Michel Ange est incontestable. Michel Ange avait prévu l'abus que l'on ferait de sa manière. Montorsoli dut le rassurer, un peu, sur sa progéniture. Montorsoli est certainement, peut-être parce que le plus proche, le collaborateur le plus fidèle, entre autres à la chapelle des Medici; il est certainement le moins corrompu.

Pourquoi la fontaine de la place de la cathédrale paraît-elle, au premier abord, moins aimable? Peut-être parce qu'elle est moins simple. On n'apprécie plus beaucoup aujourd'hui les œuvres abondantes. C'est que la profusion est près de la confusion, et la verbosité du bavardage. Qui parle tant, il est à craindre qu'il n'ait rien à dire. Notre goût a peur de la richesse. Mais qu'est-ce que le goût? « L'art de mettre sa cravate, a dit Gœthe, dans les choses de l'esprit ». Prenons garde que la mode change, des nœuds de cravate. Et, au lieu de juger des choses par rapport à ce goût passager qui est préférence, jugeons-les par rapport au goût éternel, qui réside dans l'équilibre.

Cette fontaine d'Orion, sur la place de la cathédrale, déborde de ce goût-ci. Elle possède, d'abord, la première qualité d'une fontaine, qui est de meubler harmonieusement l'espace. Toutes ces figures expriment nettement ce qu'elles ont à dire, sans grandiloquence ni fatras. Jaillie d'un bassin à pans rectangulaires, une colonne à deux vasques porte Orion, dans un triomphe de dieux marins, de déesses nues et de *bambini* jouant avec des poissons. Des fleuves président à ces ébats; l'un affecte la pose du *Soir,* de Michel Ange. Toutes ces divinités, les animaux et les emblèmes sont traités dans un style sans génie, mais sans timidité, franchement et librement. La beauté de cette fontaine n'est cependant pas tant dans ses figures que dans la grâce de ses lignes et, surtout, dans sa bichromie. Le marbre blanc et noir est distribué avec la science et le tact d'un homme qui avait certainement, et souvent, étudié, à Rome, l'art et les procédés de Cosmati.

Derrière Orion, s'élève le monument le plus remarquable de Messine, sa cathédrale, datant de 1098, bien ravagée depuis ce temps, mais, en somme, assez préservée jusqu'à nos jours pour que nous jouissions de toute notre surprise. Souvent remaniée, la cathédrale de Messine n'avait pas conservé grand'chose des temps heureux de Roger. Elle en avait assez gardé, pourtant, pour nous rendre charmant le premier contact, non pas peut-être avec l'art normand, puisque les savants ne veulent pas qu'il n'y en ait un, du moins avec l'œuvre des Normands. Les murs, de marbres blancs et noirs, et coupés de bandes guillochées, ces murs qui rappellent ceux de Sienne, ne sont pas encore pour nous émouvoir. Encore moins ce fronton baroque, qui ne possède rien de ce qui excuse le baroque, c'est-à-dire l'éclat, et moins encore la coupole à lanterne. Mais voici, à côté de celle-ci, une tour à huit pans, surmontée d'un tortil; voici les trois porches. Deux petits coups nous frappent au cœur: cette tour, c'est celle de Saint Ouen de Rouen et sa couronne; ces porches, c'est une façade de Normandie qui nous accueille.

Les siècles pourront passer, les Normands disparaître, leur art même être abandonné. Jamais pourtant le charmant gothique sicilien ne disparaîtra des monuments de Sicile. Le portail central de la cathédrale, élevé à la fin du XIVe siècle pourra oublier, dans sa partie inférieure, le nord paternel; son sculpteur, Napolitain, pourra chercher son inspiration à Sienne, à Orvieto, qu'il copiera manifestement par ses entrelacs de vignes chargées d'enfants joufflus, il pourra la chercher en Lombardie, où il prendra — mais les Lombards n'étaient-ils pas en Campanie? — le motif des lions emmanchés de colonnes torses. Il faudra bien qu'à la fin on obéisse à la nécessité de nouer une chaîne. Le tympan et son couronnement sont du gothique le plus fleuri, jusque dans les nervures qui s'échevèlent en feuilles d'acanthe. Le tympan, tout seul, est peut-être encore toscan ou lombard. Mais l'*Incoronata*, qui commande à ce tympan, surmontée de Dieu le Père en clef d'ogive, est bien de chez nous. Orvieto possède cela, mais en mosaïque. La fréquentation seule des églises siciliennes pouvait inspirer ce décor sculptural.

La tradition est vivace. On la retrouve encore, deux cents ans après la ruine normande, au XVe siècle, bien qu'elle commence à mourir. Dans la fenêtre de la façade de gauche, on la reconnaît; mais que de déchéance déjà! L'ogive semble lasse; elle s'affaisse au-dessus de la ceinture de feuillage, et, comme par hasard, elle prend des allures de fenêtre sarrasine.

Quelques années encore, et Aragon bannira tout autant le souvenir sarrasin, qui rappelle Grenade, que le souvenir normand, qui évoque Anjou, frère de saint Louis.

La Scala pourra bien alors montrer une porte humblement gothique, et dresser une fenêtre vaguement ogivale. Tout l'appareil en est Renaissance, et d'une Renaissance de palais, avec sa base en bossages, presque à facettes, comme le Diamanti de Ferrare ou simplement le Strozzi de Florence. Ce caractère Renaissance apparaît plus encore dans la porte latérale, qui est du xve siècle le plus pur. Cette fois, tout est fini de l'arabe et du normand. Dans le mur à bossages, les chambranles à volutes et bordés d'une cordelette supportent un petit fronton arrondi, où l'on voudrait loger le Robbia de la nef.

Vienne le xvie siècle, et Messine suivra l'exemple de toute l'Italie. Saint Grégoire dépose sur le seuil sicilien la carte macaronique du baroque. Le clocher, que l'on dirait arrivé tout droit, et tout fait, des Indes ; les fenêtres à balcons, qui ont l'air de paniers à salade ; la façade étriquée et massive, avec des colonnes faites pour supporter la coupole de Saint Pierre, et qui ne soutiennent que les deux bouts d'un fronton, coupé pour faire place à une fenêtre sans appui; des pots à feu, le Saint-Esprit tirant la langue, et des renflements, et des bosses, et toute l'abomination d'un art qui n'eut qu'un mérite, absent ici : la somptuosité des espaces.

Un jour pourtant, au XVIIe siècle, apparaîtra un style presque nouveau ; une fusion nouvelle sera essayée entre l'art ibérique et l'art italique. Le petit palais du Mont-de-Piété caractérise cette tentative heureuse. Au-dessus d'un escalier à quatre paliers enchevêtrés, et dont les balustres se coupent habilement, le palais étend son rez-de-chaussée sans faste inutile, et que ferment de simples grilles. Le baroque s'est emparé de l'étage supérieur, et c'est la part de l'Italie.

Pourquoi s'arrêter à ces essais ou à ces transformations? Ce qu'il faut demander à Messine, c'est le premier sourire normand. San Francesco, l'Annunziata et la cathédrale le dessinaient franchement. M. Join-Lambert l'a décrit en quelques mots, un peu scientifiques, mais saisissants :

« La coupole du carré du transept, à l'Annunziata, l'alternance dans les archivoltes des baies, des claveaux de pierres et de longues briques très plates, enfin, dans sept chapiteaux de la nef de la cathédrale, une sculpture qui traite les feuilles du corinthien par lourdes masses, rehaussées seulement de légers traits gravés et de vigoureux trous de trépan, révèlent une influence byzantine bien directe, semblable à celle sous laquelle ont été élevés, dans l'Italie méridionale, la Cattolica de Stilo et San Sabino de Canossa. L'action des ateliers musulmans de Sicile se réduit à la forme des arcades en tiers-point très surélevé dans les deux églises, et à quelques détails de sculpture aux portails de l'Annunziata ».

Et voilà résumé, si nous ajoutons ce que nous connaissons des façades et des porches, tout l'art des Normands, qui apportèrent leur forme gothique, et l'agrémentèrent d'arabe et de byzantin. Nous le retrouverons.

Des œuvres d'art accumulées dans les églises, celles du trésor de la cathédrale étaient précieuses de matière et, souvent, de travail. Nous regretterons surtout les vingt-deux colonnes antiques et celles de l'Annunziata, antiques aussi, rapportées d'ailleurs à Messine, et non taillées pour elle. En tombant, les pûres colonnes ont écrasé chaire, stalles, fonts, statues, et ont brisé les petits cubes des mosaïques qui gisent imperceptibles parmi les plâtras.

La chute et l'incendie du musée ont causé le même désastre déplorable. Les œuvres d'Antonello de Messine ne sont pas nombreuses, en Sicile surtout. Le musée de Messine possédait la moins discutable de celles-ci.

Est-ce à Naples, où il travailla, ou plus simplement à Messine, où il avait appris les éléments de son art à l'école de son père Salvatore di Antonio, ou bien encore à Palerme, qu'Antonello vit pour la première fois le tableau peint à l'huile par Jean van Eyck, qui lui révéla tout le parti qu'il pouvait tirer de ce procédé ? Il est admis que ce tableau avait été acheté par Alphonse Ier de Naples, et l'on veut le reconnaître dans l'œuvre qui ornait l'église Santa Barbara, à Naples. Il ne faut pas, cependant, oublier qu'Antonello résida à Palerme, chez Alphonse, qui pourrait bien avoir apporté des œuvres flamandes de Naples en Sicile. Il ne faut pas oublier, surtout, que la situation commerciale de Messine mettait la patrie d'Antonello en relations constantes avec les Flandres. Le musée de Messine contenait, hier encore, un tableau sorti de l'atelier de Roger van der Weyden, et les églises de Messine nombre de panneaux flamands. Il n'est pas impossible qu'Antonello ait vu, dans sa patrie, beaucoup de ceux-ci. Auquel faut-il attribuer son exode? A tous, probablement, tout autant qu'à l'œuvre déterminante de van Eyck.

Quoi qu'il en soit, Antonello partit pour Bruges, dit-on, afin d'y apprendre le merveilleux secret. Un obstacle se présente, pourtant. Et c'est l'âge même d'Antonello. Deux dates nous sont données à choisir, 1414 et 1444. La première est adoptée par ceux qui admettent la surprise, par Antonello, du procédé flamand. La seconde, Jean van Eyck étant mort en 1440, par ceux qui ne l'admettent pas. Une troisième école s'est formée, qui attribue à Antonello l'invention, concurremment avec van Eyck, de la peinture à l'huile. Le voyage à Bruges d'Antonello paraît être, cependant, l'hypothèse la plus probable, son voyage et son éducation à l'école de van Eyck. Le séjour aurait été, d'ailleurs, assez court, Antonello ayant habité Naples en 1438, et étant revenu de Bruges aussitôt après la mort de van Eyck, en 1440.

Ce fut à Messine, en tout cas, qu'il revint, mais pour peu de temps. « Étant resté quelques mois à Messine, dit Vasari, il alla à Venise, où il résolut de se fixer, et où il pouvait satisfaire son goût des femmes et des plaisirs. Il peignit alors un grand nombre de tableaux à l'huile, d'après la manière qu'il avait apprise en Flandre, et qui sont dispersés dans les palais des gentilhommes... Le secret qu'Antonello avait rapporté de Flandre lui valut, pendant toute sa vie, les bonnes grâces des magnifiques seigneurs de Venise... La Seigneurie venait de lui commander plusieurs peintures destinées au palais (des Doges), quand il fut atteint de pleurésie et mourut à l'âge de... ».

Vasari dit : quarante-neuf ans. Or, Antonello est mort en 1493. S'il n'était âgé que de quarante-neuf ans, il serait né en 1444, c'est-à-dire quatre ans après la mort de van Eyck. Et cela donnerait raison aux sceptiques qui ne croient pas au voyage de Bruges. Mais Vasari a commis tant d'erreurs ! Le voyage paraît certain, et tout ce qu'il est permis de faire, selon qu'on aime ou n'aime pas les belles légendes, c'est de choisir entre les deux premières hypothèses. Le fait que des essais, nombreux d'ailleurs, de peinture à l'huile, aient eu lieu en Italie avant le milieu du xve siècle, ne nuit en rien à l'initiative d'Antonello, ni à la découverte de van Eyck. Les Romains, les giottesques eux-mêmes, et jusque des peintres français, s'essayèrent à l'emploi de l'huile. En ces affaires, le véritable inventeur est le vulgarisateur. Et il ne paraît pas douteux que van Eyck mit le procédé au point, et que Venise le reçut d'Antonello. Au surplus, s'il faut réserver ici, et très largement, la part du goût de chacun, il est tout au moins permis de préférer l'Antonello de la *tempera* à l'Antonello de l'huile. Celui-ci est souvent sec, il est toujours dur, bon réaliste certes, mais trop réaliste aussi. Dans le retable de Messine, au contraire, il se montrait d'une douceur et d'une tendresse extrêmes. Nous ne devons pas oublier qu'en Sicile, avant tout, on était décorateur, c'est-à-dire qu'on y avait le sentiment des nécessités ornementales. Antonello, travaillant à San Gregorio, d'où provenaient ces panneaux, comprit que seule la *tempera* convenait à l'église qu'il devait orner, et que, la méthode dont il s'enorgueillissait, il devait la réserver aux œuvres que l'on nomme aujourd'hui de chevalet. Longtemps encore, les artistes regretteront cet art de la *tempera*. Il semble qu'Antonello doive nous faire éprouver plus vivement ce regret. Dans les fresques de Messine, il parvint à un charme, à une grâce, que ses œuvres à l'huile n'atteindront jamais. Et l'on ne sait, même, ce qu'il faut le plus admirer de son art excellent, si purement italien, ou de son abnégation qui lui fit sacrifier, à la loi du décor, son orgueil de précurseur.

A Messine, Antonello fit plusieurs élèves, dont le premier était son neveu Salvo di Antonio. La sacristie de la cathédrale s'honorait d'une *Déposition de la Vierge,* signée de cet artiste. Dans cette œuvre lourde, surchargée, il était bien difficile de retrouver l'enseignement du maître. Seul, le coloris rappellerait Antonello. La *Madone à la lettre,* commémorant la fameuse lettre que la Vierge écrivit à la ville de Messine, et qui échappa si miraculeusement à la perspicacité de Philarète Chasle, ne semble pas être d'un des élèves d'Antonello, mais bien plutôt de l'un des nombreux Lanfrancs qui pullulaient à Naples, au XVIIe siècle. L'abominable faction des Ribeiras l'ayant emporté sur Dominiquin, le royaume de Naples fut envahi par les industriels qui triomphaient. Guercino, le Guerchin, qui les ménageait, peignit, pour San Gregorio, la *Madone du Carmel* et *Saint Jean.* On y retrouvait toutes les qualités du Guerchin et ses procédés, son réalisme mesuré et sa lumière céleste. On dit que Charles-Quint ramassa un jour le pinceau du Titien. Guercino croyait que les saints lui ramassaient le sien tous les jours. Les anges visitaient assidûment son atelier et l'inspiraient. L'œuvre qu'il envoya à Messine semblait plutôt d'un moment où les anges étaient occupés ailleurs, si elle ne démentait rien de ce que Bologne, Paris et le monde entier, nous ont appris de ce parfait Bolonais.

Mais où donc étaient les anges? Auprès de Dominiquin, plutôt. Le malheureux Domenico Zampieri, poursuivi par la haine, n'a rien laissé, aux Deux Siciles, d'autre que ses fresques de Saint Janvier, rien que quelques rares élèves, dont Barbalonga est l'un des plus marquants. Messine possédait deux œuvres de Barbalonga, l'une à l'église Saint Paul, représentant la *Conversion de saint Paul.* La fougue en était magnifique, quoique bien des détails fussent déplaisants. Le cavalier retenant sa monture avait un élan superbe, mais le malheureux Paul gigotait ridiculement. Si imparfaite que fût cette œuvre, elle l'emportait sur bien d'autres de son temps. On y retrouvait la vaillance de Domenico, et ce n'est pas un mince éloge que d'y avoir vu comme un rappel du *Martyre de saint André,* de Sainte Marie des Anges, à Rome.

La seconde œuvre de Barbalonga, à Messine, était un portrait. On pouvait le voir à l'Église Saint Philippe de Neri, à côté de tableaux de l'école de Ribeira. Ce rapprochement fait saisir au plus près de quel côté, du côté de Dominiquin ou du côté de l'Espagnolet, était la vérité artistique. Et, si, avec justice, on se refusait à comparer le portrait avec la composition idéale, on n'aurait qu'à rapprocher le *Saint Paul* du *Saint Philippe* et de la *Sainte Marie de la Victoire*. L'encadrement, dans ceux-ci, est contraint et forcé; il est cherché et prétentieux. Dans Barbalonga, il peut être véhément, il reste toujours naturel, même lorsqu'il est disgracieux. Toutefois, il faut reconnaître, dans la *Pietà* de Rodriguez, une émotion très vive, surtout chez les anges, car la Vierge est contournée et un peu théâtrale. Quant à *Sainte Marie de la Victoire*, on y aurait trouvé, avec l'afféterie de l'école, le souvenir de la lumière du Guerchin et de Caravage, cette lumière tombant du ciel comme d'un soupirail, qui est leur caractéristique et celle de leurs élèves.

Faut-il attribuer à ceux-ci le charmant *Mystère du Rosaire*, dont l'auteur est inconnu? Certains détails, comme l'enfant que l'on voit au coin droit, en bas, pourraient le faire croire. Peut-être aussi le temple de gauche et la surcharge un peu déplaisante de la partie supérieure du tableau. Il semblerait, cependant, qu'on pourrait retrouver dans cet « arbre généalogique » de David comme une marque flamande. Peut-être est-ce une œuvre d'un élève d'Antonello, impressionné comme celui-ci le fut par les peintures des Flandres, qui devaient venir aux bords siciliens dans les ballots des négociants. Les églises de Messine étaient pleines de ces petites œuvres septentrionales. Peut-être l'une d'elles a-t-elle évoqué un souvenir flamand à l'auteur de ce *Rosaire*, et qui, à bien regarder sa lumière, semblait avoir, en tout cas, connu Guercino et Caravage...

De tout ceci, sans doute, on ne disputera plus ; avec Messine, ces œuvres sont tombées en poussière. Et tandis que je gagne le chemin de fer qui va, ce soir, me déposer à Taormine, je songe au sort qui attend leur débris. Peut-être ont-elles échappé au *terremoto?* En ce cas, elles ont dû souffrir du feu et de l'eau. Si, par miracle, elles ont été préservées de ceux-ci, qu'adviendra-t-il lorsque les pioches des maçons entreront en jeu ? Enfin, sauvées des éléments, il est un destin, du moins, qui ne les épargnera pas : le zèle des restaurateurs. Dans la grande douleur humaine qui a secoué le monde, et à laquelle je viens de prendre une part directe, je puis définitivement ensevelir les jolies églises, les gracieux monuments et les tableaux que, même s'ils furent préservés de la colère d'Encelade, je ne reverrai plus.

IV

CÉRÈS EN COTHURNES

Taormina.

Depuis deux jours, je m'enivre de fleurs. Messine et ses âcres parfums doivent être pour quelque chose dans cette volupté ; volets clos, ma chambre sent l'œillet à rendre mes rêves de la nuit assurés contre tout cauchemar. Mais n'en voici pas moins le véritable contact avec la terre trois fois divine, par son bonheur, par sa grâce, par sa mémoire. Et je ne dois à Messine que d'en goûter plus fortement le bonheur. La Sicile paie de son insécurité séculaire sa miraculeuse fécondité. Si ses habitants d'aujourd'hui, que la misère annihile, que les institutions politiques et sociales paralysent, ne savent ou ne peuvent en tirer les profits qu'elle offre à qui voudrait les cueillir, on ne peut cependant y respirer qu'un air chargé de prospérité. Arrivé de nuit, j'ai ouvert ma fenêtre, le premier matin, sur le paradis. Devant le balcon où je m'appuie, toutes les parures de Cérès sont étalées. Que de couronnes pour les longues chevelures! Que de subtiles odeurs à capter dans les lécythes! L'Etna tout blanc de neige est sous mes yeux, lançant sa fumée paisible et menaçante; à ma gauche, l'Aspromonte se profile au-dessus de la côte calabraise : les hommes sont bien fous qui, ce printemps, se sont privés de venir ici par peur du volcan et des tremblements. La joie de respirer ces parfums et de regarder ces beautés vaut bien la petite angoisse qu'on pourrait éprouver. Comme la Sicile, il faut payer son bonheur; il est à bon marché, si cher qu'il soit, puisque, ce qu'on achète, ce sont ces jardins, cette côte échevelée de roses, de genêts, de fenouils épanouis, de géraniums grimpants, de glycine, de lilas, de chèvrefeuille, émaillée d'anémones, de boutons d'or, de cytises et de myrtes. Et voilà que je bénis Messine, qui me fait jouir de cela plus intensément peut-être que je n'en aurais joui d'autres fois. La volupté de vivre existe en soi, mais elle s'augmente de la prochaine mort. Le plaisir sicilien s'accroît du danger possible. L'homme, avec sa manie de justice, ne pourrait admettre une telle perfection, une œuvre aussi pure et complète que Taormina, si l'Etna ne venait pas projeter son ombre. La silhouette formidable du monstre trapu, qui semble une énorme bête accroupie, dont la pointe aplatie serait la bosse tendue, la ligne de l'Etna, vivant par la fumée qu'il expire, exalte mon orgueil de contempler ces collines, ces rochers, ces rivages, et de dénombrer toutes les notes de ces harmonieuses gammes.

N'imitons pas Gœthe, toutefois : « Sur ce beau rivage, et par le ciel le plus pur, nous occupons une petite terrasse, nous voyons des roses et nous entendons le rossignol ». J'entends le rossignol et je vois des roses du haut de mon balcon ; je ne chargerai pas Kniep, pourtant, de se rendre pour moi au théâtre ; je ne me contenterais pas des dessins qu'il me rapporterait et qui suffirent à Gœthe. Même si, comme celui-ci, je rêvais en ce moment à une *Nausicaa*, je n'oublierais pas, pour sa vertu, ni pour l'ivresse des roses, que ces beautés, qui m'éblouissent déjà dans le cadre de ma fenêtre, je les verrai magnifiées encore et complètes du haut des degrés où les vers d'Euripide retentirent, portés par la brise jusque dans l'antre du Cyclope, jusque même à l'oreille de Denys.

Au sommet du cap Taormina, sur un plateau lui-même dominé par d'autres monts, le théâtre, célèbre dans l'univers, dresse ses énormes chambres de brique devant les premiers pas, de chaque côté de la scène, au bas des gradins. Je les contourne, grimpant par les pentes du roc taillé en marches, jusqu'au faîte, jusqu'au pourtour qu'un mur protège encore, mais par places effondré. Là, cinq colonnes sont restées debout, permettant à l'esprit de relever les autres, de reconstituer le portique qu'elles formaient. Où aller? Que regarder d'abord? Devant, derrière et à gauche, c'est la mer plate, de nuances infinies. De petites barques aux voiles blanches la sillonnent et leur passage a changé la couleur des eaux, plus verte, écumante un peu, où le bateau vient de passer, d'un lapis clair, argenté, devant lui et de long de sa coque. Près du rivage, l'eau jaunit; elle se dore des sables. Au loin, c'est un azur dégradé qui va se confondre avec le ciel rose sous la lumière matinale. Rien ne bouge, ne frémit même, à peine un léger remous sur la rive, où les petits rochers font obstacle. Et cette rive descend mollement vers l'ouest, découpant comme l'acanthe ses pentes molles. La vallée de l'Alcantara, que ferment au Nord les monts de Castiglione, s'est légèrement abaissée, et, capricieuse, dentelle ses plages, à moins que ce ne soit la mer qui ne la festonne. Au-dessus d'elle, cependant, les rochers de blanc calcaire, verdoyants de jeunes plants, roses de fleurs dans l'aurore, plus sombres de quelque masse lourde de frondaisons, se hâtent, les uns par-dessus les autres, à grimper vers l'Etna, comme s'ils voulaient fuir, sous son abri, l'appel tentateur de Galatée. Et l'Etna les attend, calme, reins tendus, comme s'il veillait, toujours prêt à l'accueillir, sur l'innombrable troupe de ses enfants. La grâce puissante de cette terre se manifeste, molle et forte, grandiose et charmante. Le spectacle est des plus formidables qu'on puisse voir; je n'en vis jamais qui fût aussi caressant. C'est tendre, c'est fascinant, et c'est majestueux et impossible à embrasser.

Au pied, cependant, du cap même, à pic au-dessous du théâtre, sur la gauche, la chute du rocher est vertigineuse, mais aussitôt reposée en une dernière dépression. Et derrière, enfin, un miracle encore plus aimable, la même côte, aussi découpée, mais plus étroite, aux pointes plus serrées, comme si elle se pressait de nous dispenser toute sa beauté variée dans ses formes infinies. Elle fuit jusque vers Messine, tandis que, à l'horizon, la Calabre dresse les hauteurs farouches de l'Aspromonte, toutes roses, à cette heure violette du matin, enveloppées d'une écharpe transparente que le vent tend sur leurs épaules et soulève tour à tour, pour en accentuer ou en dévoiler à nos yeux tous les charmes. Taormina, sur la droite, étend ses murs, s'étire au soleil et fait cascader ses palais, ses monts, que couronnent des restes de citadelle. Tout ce que la nature a su ménager aux hommes de splendeurs, plaine, rivage, rochers, fleurs, fruits, contrastes et variétés, elle a mis sa coquetterie à le réunir ici, dans un creux de main, la main de Vénus, la Vénus pudique et voluptueuse à la fois, celle de Cnide et l'accroupie, la déesse des amours et celle de la beauté chaste. Les hommes, cependant, ne voulant pas être en reste, ont répliqué à Vénus par le théâtre vers lequel mes yeux s'abaissent enfin.

Noblement, comme les parois d'une large coupe, la prairie poussée sur les gradins taillés dans la roche calcaire descend vers l'orchestre. Çà et là, de l'herbe jaillit quelque morceau de roc où rien n'a pu germer, à droite surtout, en un tas serré, et l'on dirait, au milieu d'une vallée, un ville vue du haut d'un ballon : de la cime de l'Etna, Catane doit apparaître cet amas de cailloux blancs au milieu des campagnes. Je dévale ces herbes hautes par les sentiers qui les sillonnent, et me voici dans l'orchestre où sont couchés les suprêmes débris des dernières colonnes. De marbre bleu, de marbre blanc, de marbre gris, grains serrés et brillants, les beaux fûts brisés s'alignent en rang serré, au pied des murs bas qui les portaient autrefois. Grande est l'éloquence d'une colonne restée debout au milieu d'une ruine; touchante à l'extrême est la pitié d'une colonne qui jonche le sol de son squelette émietté. Elle renonce, se résigne, abandonnée. Et pourtant toujours noble, bien polie, elle garde assez de fierté pour en imposer encore. Vieille sans coquetterie, elle agit sur nous par son charme profond, par sa ligne native, sans le secours des arrangements. L'aïeule était belle dans sa fleur de jeunesse. Elle a perdu aujourd'hui toutes ses séductions; elle a conservé, du moins, la majesté. Chacun se retourne sous l'émoi de la vertu évanouie, à son souvenir rempli de respect.

Mais voici l'autre ruine, droite celle-ci et qui se défend, le mur même de la scène, avec cinq de ses colonnes coupées, décapitées, et quatre entières, dont deux portent encore, comme les colonnes du temple de Castor au Forum, un fragment d'architrave. La ligne mauve de ces neuf fûts coupe les briques sévères de la muraille. Elles disent, celles-là, des choses moins tendres, moins faciles à saisir que le langage de leurs sœurs effondrées. Elles disent des choses profondes. Elles semblent frémir toujours sous les vers qui les frappaient, et, la vibration de l'air autour d'elles, ne serait-ce pas l'écho qu'elles en gardent ? Derrière elles, des niches sont creusées, où des héros trônaient. Mais entre elles apparaît, dans le cintre des arcs et par la brèche du mur défoncé, le décor même du drame, du drame d'autrefois, *Prométhée*, ou *Électre*, ou *Iphigénie*, du drame d'aujourd'hui, mille fois plus tragique encore. Et ce décor, c'est cette côte que je viens de voir, la douce et puissante côte qui va, s'arrêtant en mille paresses de méandres, vers le Cyclope et vers les Latomies. Bien souvent, sur cette terre d'Italie, je me suis complu dans l'orgueil humain : j'étais fier, peut-être sottement, des ancêtres... Ce spectacle-ci légitime de tels enfantillages. Oui, ce sont des hommes qui ont conçu ce théâtre sur ce pic et lui ont donné, pour fond de scène, la grâce des rivages découpés et la terreur de l'Etna. Ce sont des hommes qui ont raffiné le spectacle — et ce sont des hommes qui n'ont pas craint pour leurs œuvres la rivalité d'une aussi grandiose nature. Un peuple a pu être assez fier pour se mettre à ce niveau et assez grand pour s'y tenir. Ce n'est rien, n'est-ce pas ? qu'un mur ouvrant des fenêtres sur la mer et les monts, percé de niches et de colonnes. Ce n'est rien et c'est sublime, parce que le ciel est pur, le rivage frémissant, la montagne vivante, et parce que ce qui fut ajouté n'offense en rien ces grandeurs, mais les complète au contraire. Concevoir le théâtre de Taormina, quelle fierté ! Quelle merveille de le réaliser égal à son âme et aux choses qu'il bravait ! Il est aussi beau que la nature, il parle aussi haut, d'une voix aussi pure. Ils vivaient aux premiers âges, ceux qui le rêvèrent et le réalisèrent, et, dès ces premiers jours, l'homme avait le sentiment du beau aussi parfaitement qu'aux seconds.

Quel orgueil nous est permis... non ! quelle humilité doit être la nôtre ! Non pas de ne plus oser ces choses, ou de produire encore, sans rougir de nos œuvres en songeant à celles qui retentirent devant ces murs : il faut au génie un recul que certains de notre temps posséderont peut-être un jour. Mais humilité devant la limite de l'esprit humain. Dès son premier vol, l'intelligencc a atteint son zénith. Elle s'est augmentée en étendue, jamais en profondeur. Nous savons plus de choses, nous ne savons pas mieux celles que savaient nos ancêtres. Eschyle, Platon, Homère ont atteint au suprême du lyrisme, de la philosophie et de la tragédie. Personne n'a pu mettre à profit la science pour monter plus haut qu'ils ne l'ont fait. Des aperçus nouveaux, mais la même borne que rencontrèrent nos pères. Soyons fiers d'être les enfants de ceux qui dressèrent les portiques du théâtre de Taormina ; soyons modestes en songeant que nous n'avons jamais pu les surpasser.

Taormina est la chose parfaite par excellence. D'autres paysages et leurs fabriques peuvent inspirer des sentiments aussi radieux ; il n'en est pas d'autres qui s'approchent davantage de l'absolu. Ici est réuni tout ce qui compose ce que nous appelons beauté. L'art le plus pur, parce qu'il est simple et noble, a épousé la nature la plus grande, parce qu'elle est gracieuse et puissante à la fois. Plages, rochers abrupts, rivières, volcan, festons des rives, cascades de verdures et de monts, fleurs dans la folie de vivre, hauteurs vertigineuses — et là-dessus de beaux murs trapus, des colonnes fouillées et pleines de superbe, l'hémicycle enfin, que les ombres habitent encore, tendant l'oreille pour entendre les dernières syllabes des paroles inégalées de l'immortel Oreste. Tout est ici, toutes les splendeurs de l'aveugle nature et de la conscience humaine. Sur les terrasses qui couvrent les voûtes flanquant la scène, promenons-nous longtemps en nous enivrant de nous-mêmes et en pleurant sur nous.

Les Sarrasins laissèrent peu à peu s'émietter l'œuvre parfaite qu'ils ne pouvaient comprendre. Les Normands la trouvèrent ruinée et la négligèrent. Ni Sarrasins, ni Normands ne firent cependant ce que le duc de San Stefano osa faire. Sans doute, le XVIe et le XVIIe siècle pillèrent sans vergogne les monuments antiques pour les leurs ; Rome est bâtie en pierres sacrilèges. Le palais San Stefano, derrière le dôme de Taormina, a devancé toutefois ces abominations, s'il n'en a pas donné tout à fait le signal. Il garde, en revanche, sur les monuments baroques, la supériorité d'un art que les Arabes et les blonds enfants du Septentrion apportèrent au pays de Théocrite. Il est charmant dans son gothique, où se voit la trace manifeste des mains normano-sarrasines. Lorsqu'on débarque en Sicile, sur ces bords orientaux, ce premier contact avec l'innovation normande est des plus aimables. Il y a longtemps, deux cents ans, que la race aventureuse a disparu, lorsque ce palais San Stefano est élevé. Son art est resté pourtant, et c'est dans sa conception que l'on bâtit encore, masse carrée comme une tour, fenêtres à arc pointu avec roses, corniche épaisse et fouillée, tous ces modes dont Palerme fourmille. C'est le style même, avec plus de hardiesse dans le décor, de la Siza et de la Cuba.

Plus encore, peut-être, se rapprocherait de celles-ci le palais de Corvaja, grâce à ses fenêtres d'un arabe presque pur, et grâce à ses créneaux. Et, tout autant que celui-ci, la Badia Vecchia, si poétique parmi ses ronces, au milieu de son champ, vraie tour sarrasine, en dépit de ses fenêtres, que l'on dirait dérobées à nos cathédrales. On peut croire, sans doute aussi, à un souvenir gibelin. Il faut y voir surtout la signature des hardis Hautevilles. Sur la masse sarrasine, déjà fleurie de quelques arabesques, ils ont dressé leurs colonnettes, leurs faisceaux. Mais de ce que je pensais à Messine, de l'art grec exaltant les Normands, les encourageant, n'ai-je pas maintenant la preuve? Si nos pères ont si aisément superposé leur art personnel à l'art de ceux dont ils adoptaient les êtres, c'est que la Grèce les y invitait. Le théâtre de Taormina leur montrait, lui aussi, des colonnes! Les leurs ne pouvaient être intempestives. D'un traitement différent, elles n'avaient pas d'audace pourtant, puisqu'elles perpétuaient, sous une forme nouvelle, l'antique pensée. Elles chantaient la même mélodie que des harmonies différentes venaient transformer.

Le dôme, San Niccola, est la dernière fleur, à Taormina, de cet art audacieux et timide à la fois. Timide à tout prendre, puisqu'il n'invente rien, audacieux néanmoins dans ses accouplements, que la réussite justifie. C'est toujours la tour carrée, où s'assied un petit dôme arrêté au tambour, mais allongée, sur un de ses côtés, d'une nef que flanquent deux bas-côtés pleins. La façade n'est qu'un grand mur droit couronné de créneaux sans fantaisie; la fraîcheur première, la flamme, n'y sont plus. On ne les trouve guère qu'au portail latéral, avec ses grappes émergeant de vases et grimpant aux chambranles. Voici le premier balbutiement de la Renaissance, sous l'arc gothique encore; et nous touchons ici au plus près l'œuvre méritoire, si classique, si respectueuse dans sa nouveauté, du XVe siècle. Ce que fera de tous ces trésors le XVIe, San Agostino nous le montre. Bien hésitant et presque supportable. La faute n'est pas à lui, ou le mérite. Ils sont à la déchéance de la cité, si glorieuse sous Denys et Hiéron, fière encore sous les Sarrasins et les Normands, et que la domination espagnole rabaissa au rang d'un village. Taormina n'existe pour nous que par son théâtre, véritable prodige. Elle résume pourtant, aux yeux du promeneur qui veut comprendre le plus qu'il peut de ce qu'il rencontre, elle résume assez vivement l'histoire de ce pays trop convoité. Théâtre antique, portes sarrasines, églises et palais normands, églises baroques, et voilà en un petit espace toute la belle et triste aventure sicilienne. Ne voit-on pas, entre le palais Corvaja et une église, les restes d'un autre théâtre, tout enfoui au milieu de maisons et de jardins? L'autre, le seul qui puisse rester dans nos mémoires, était trop haut! On ne pouvait facilement y atteindre. Celui-ci a été envahi et dépecé. Il n'est plus rien, un trait sur le papier.

Le dernier soir venu, j'ai erré dans la longue rue de la petite ville. Jusqu'au couvent de San Domenico, transformé en somptueux hôtel, j'ai tout visité, pour demander aux choses un souvenir antique qui m'a fui. Taormina les a tous bannis. Et, ainsi qu'on prête à ceux qu'on aime toutes les vertus, je veux croire que sa rigueur est faite de confiance. Lorsqu'on peut offrir un théâtre comme celui-là, ces fleurs et ces rivages, il est inutile de chercher d'autres parures. Taormina vivra radieuse tant qu'il y aura des hommes qui pourront regarder, s'émouvoir et sentir.

V

LA SAGESSE DE SAKYA

Catane, l'Etna.

La voie a contourné les dernières pentes de l'Etna, tandis que, peu à peu, Taormina s'efface, vous faisant la joie, de temps en temps, à quelque virage, d'une apparition suprême. Le train s'arrête, et deux syllabes criées dans le tumulte de la gare m'arrachent enfin au souvenir des jours parfumés. Aci ! a prononcé l'aboyeur, et tout ce que j'entendais en clameur indistincte au théâtre de Taormina prend forme mélodique ; les plus doux chants commencent à retentir. Ces îlots que j'aperçois là-bas dans la mer, pointus et stériles, ce sont ceux, roulés jusqu'ici, que jeta le Cyclope sur l'infortuné Acis, l'heureux amant de la nymphe Galatée. Ces rocs qui surplombent le chemin, ce sont les antres au fond desquels Ulysse fut retenu prisonnier et d'où il s'échappa, non sans être menacé de périr, lui aussi, sous le poids des rochers lancés par Polyphème, dont la violence était toujours l'argument suprême. Voici le rivage qui « se prolonge entre la montagne et la mer ». Voici, devant sa grotte, la fille de Nérée et de Doris, Galatée, « plus douce que le thym de l'Hybla, plus blanche que le cygne, plus belle que le lierre argenté ». Elle était si tendre que Daphnis lui-même la chanta et, inconsidérément chez un pasteur qui devait à son tour mourir d'amour, railla Polyphème : « Galatée, ô Polyphème, lance des pommes à ton troupeau en t'appelant maladroit en amour et gardien de chèvres... Vois, elle frappe ta chienne, la fidèle gardienne de tes brebis.... Prends garde que la chienne ne la morde, quand elle sortira de la mer, et qu'elle n'abîme son beau corps ». Dans ces eaux qui frangent autour de moi, Galatée jouait insouciante, heureuse d'aimer et d'être aimée. Dès l'aurore, traînée par des dauphins, au milieu des tritons, elle vogue vers le fils de la nymphe Syméthis. Elle est nue dans la coquille nacrée ; ses voiles, que son impatience rend déjà inutiles, volent autour d'elle ; elle rit à son amour et c'est bien celle-là que Raphaël a fixée sur les murs de la Farnésine. C'est elle que je ne peux pas ne pas voir aujourd'hui, sous la forme même que lui donna le divin Sanzio, avec son cortège de monstres noirs soufflant dans les coquillages. Elle se moque du Cyclope, ne voulant pas croire à ce que lui a dit Théocrite : « Polyphème ne fait pas l'amour avec des roses, des oranges et des mèches de cheveux, mais avec délire et une fureur meurtrière ». Elle ne pouvait croire l'amour méchant. Et celui, fut-il Polyphème, qui la trouve si belle, pourra-t-il jamais la contraindre ? « Tu es plus blanche que le troène, plus fleurie que les prés, plus élancée que l'aune, plus resplendissante que le cristal, plus folâtre que le chevreau, plus lisse que le coquillage sans cesse poli par les flots, plus agréable que le soleil en hiver et que l'aube en été, plus vermeille que la pomme, plus majestueuse que le platane, plus brillante que la glace, plus suave que le raisin mûr, plus douce que le duvet de cygne et le lait caillé. Si tu ne me fuyais pas, tu serais pour moi plus belle qu'un jardin arrosé d'eaux vives ! ». Jusque dans les injures dont il la couvre après ces douceurs, Polyphème a soin de ne pas l'offenser ; il la compare aux torrents impétueux, aux paons, à la flamme et aux vagues. Folle d'amour, Galatée offre ces merveilles à Acis, qui les reçoit avec égalité, en fleur de ses seize ans. Ils riaient, ils se regardaient, ils s'étreignaient. Polyphème les vit enfin et remplit l'air d'un hurlement dont frémit l'Etna. Galatée, en proie à l'épouvante, fit bien voir, ce jour-là, que Polyphème n'avait pas menti en lui disant qu'elle était « plus légère que le cerf pressé par une meute aboyante, et que les vents portés sur leurs ailes légères ». En vain l'appelle à son secours le fils de Symé-this. Galatée est trop heureuse de sa beauté pour être intrépide. Elle court se cacher dans sa grotte, et n'en sort que longtemps après le dernier écho des rugissements de Polyphème dispersé. Elle retrouva le beau corps d'Acis écrasé sous l'une des pierres que lui jetait le Cyclope. Galatée versa quelques larmes, et, pour retrouver du moins dans ses ondes familières un souvenir de son premier amant, elle changea Acis en ruisseau. Est-ce lui, ce lit à sec du petit torrent que je viens de traverser? Où est-elle, cette « onde glacée que l'Etna aux grands arbres envoie au Cyclope de ses neiges blanchissantes, divine boisson »? Il y a longtemps que Polyphème, fils de Neptune et d'Amphitrite, ne paît plus ses brebis sur les pentes de l'Etna. Ulysse ne l'a pas tué, mais, grâce à Ulysse, Polyphème aveugle est devenu plus malheureux encore que par le trépas: personne ne le craint désormais. Acis se moquerait de lui, et Galatée elle-même resterait aux bras de son amant, à son approche.

Des temps de Hiéron, le rénovateur de la vieille colonie chalcidienne, dont il changea le nom pour l'appeler Etna, de ces temps où Chromius fut par deux fois vainqueur aux jeux néméens, de ces temps que Pindare célébra, Catane (Kat Etna) ne possède plus qu'une ruine enfouie sous des maisons, un théâtre de pierre de lave, cave abandonnée. Hiéron fut chéri des poètes, qu'il aimait ; il ne dédaignait pas de prendre part lui-même aux fêtes pythiques, et Pindare lui adresse ses plus flatteuses strophes. Son fils Dinomène, qui commande pour lui à Etna, reçoit sa part d'adulation : « O Muse, écoute ma prière ; va maintenant chez Dinomène chanter le triomphe du glorieux quadrige, car la victoire du père ne fait-elle pas aussi la joie du fils ?... O Jupiter tout-puissant, permets que, sur les bords de l'Amène, les citoyens et les rois obtiennent une haute renommée !... Ordonne aux Phéniciens et aux Toscans impétueux de rester paisibles dans leurs demeures ! Qu'ils se souviennent de Cumes ! ». L'Amène a disparu, Hiéron et Chromius ne sont plus. Seuls les restes du théâtre et de l'amphithéâtre, maigres et noirs, nous reportent encore à ces jours fameux, où les poètes pouvaient être grands tout en adulant les puissants et les vainqueurs. La moderne Catane a subi la colère de Typhon. On ne compte plus les tremblements de terre qui la ruinèrent de fond en comble. Tenace, elle se releva chaque fois, la dernière à la fin du XVIIe siècle, dont ses monuments debout aujourd'hui datent pour la plupart. Il semble que les membres de Typhon se bandent jusqu'ici en perpétuel sursaut de révolte. « Cet antique habitant des antres ciliciens, ce monstre subjugué par la force, ce terrible Typhon aux cent têtes, qui résista à tous les dieux, dont l'horrible bouche ne soufflait que le carnage, aux yeux lançant des éclairs d'une terrible splendeur, le voici aujourd'hui, pour avoir voulu renverser la puissance de Jupiter, le voici gisant le long des flots, sous les pieds de l'Etna. Cependant, Vulcain est assis devant sa forge sur les plus hautes cimes, d'où coulent de temps en temps des fleuves de feu, qui dévastent la fertile Sicile ! ».

L'un de ces feux, qu'Eschyle annonçait ainsi, faillit, en 1669, engloutir Catane et en faire une nouvelle Pompei. Un saint évêque, armé du seul voile de sainte Agathe, marcha au-devant du fléau, comme Geneviève et Léor au-devant d'Attila, et, ainsi que la vierge et le pontife arrêtèrent les torrents humains, l'évêque de Catane, assisté d'Agathe, détourna le torrent de boue. Dans le dôme, on voit encore le témoignage du prodige. Une fresque de Mignemi montre la lave qui s'écoule menaçante et presse déjà la ville, lorsque, tout à coup, elle se divise en deux larges ruisseaux qui vont se jeter dans la mer de chaque côté du port. Depuis ces temps héroïques, Catane, renouvelée, vit insouciante du danger. Ville moderne, elle a tout ce qu'il faut pour plaire aux affairés de notre temps. Belles rues larges, bien achalandées, places spacieuses, monuments commémoratifs, jardins, théâtres, et cette prospérité matérielle que sa situation de grand port méridional de la Sicile, à cheval sur le détroit et la mer libre, lui dispense abondamment.

Catane est fière de sa cathédrale. Et elle peut l'être, l'ayant construite à peu près tout entière avec les pierres du théâtre grec. Ceci suffit à la dater. Elle est l'œuvre du XVIIIe siècle, l'une des moins déplaisantes pourtant. Le dôme en est élégant et léger, la tour originale, et les nefs, à l'intérieur, d'un décor sans fatras. Des balustres entourent son parvis et le jardin qui flanque celui-ci. Et, sur la grande place qu'elle commande, un éléphant, chargé d'un obélisque, est le dernier témoignage de l'antique félicité. Les Aragon, pourtant, donnèrent à Catane un éclat qui s'est perpétué jusqu'aujourd'hui, grâce surtout à l'Université qu'ils y fondèrent, la première de Sicile, et qui garde son vieux renom. L'un des plus savants géologues de l'Italie, doublé d'un écrivain de premier ordre, M. Giuseppe de Lorenzo, y professait hier encore. Des temps aragonais, Catane a conservé aussi un monument, demeuré inachevé pour avoir voulu, comme San Petronio de Bologne, entre autres, être trop magnifique, San Niccolò ou les Benedettini.

A l'ouest de la ville, un grand portail tronqué, au-dessus duquel dépasse la lourde armature de pierre que le marbre ne revêtit jamais. Les portes et les fenêtres sont sobres : le XVIIe siècle ne connaissait pas encore les excès. Mais l'effet le plus surprenant, et non sans beauté, est celui des colonnes inégales, les dix colonnes de marbre arrêtées à mi-hauteur. Si l'on supprime par la pensée le revêtement de cette façade, et si l'on plaque les colonnes sur le mur grossier lui-même, voici le beau théâtre antique ressuscité ! Encore une fois, la ruine agit sur notre âme impérieusement. Sans nous lasser jamais, sur cette terre de Sicile, laissons-nous gagner par le charme des choses émiettées, notre volupté fut-elle fille directe de notre puérile rage à ne pas mourir tout entier.

Le vaisseau des Benedettini jouit d'une certaine grandeur. Manifestement, Saint Pierre de Rome a hanté le constructeur, qui ne s'est pas montré trop indigne. Est-ce Lecce, en revanche, la si drôle petite ville des Pouilles, si amusante sous ses oripeaux de carton, qui a inspiré l'auteur du couvent ? Je le croirais volontiers. Une Lecce plus raisonnable sans doute : on voit encore certaines parties qui restent lisses, nues. Oh ! certes, entre Taormina et Syracuse, les Benedettini de Catane ne sont pas fiers ! Et il faut reconnaître aux princes qui toléraient ces pâtisseries, autant qu'à ceux qui consentaient à les rouler, il faut leur reconnaître une prodigieuse insensibilité. Mais, cette inconscience constatée, sachons considérer en elles-mêmes les œuvres et sourions au couvent de Catane. Il était gai, fleuri, avenant et plein de franchise, s'il n'était pas beau. Ses pilastres à facettes, ses fenêtres ouvragées, ses balcons en ventre de moine, ne disaient rien qui n'affichât le privilège social de ceux qui veillaient au culte de Dieu et des saints. La première moitié du couvent a passé aujourd'hui à d'autres gardiens de la prospérité publique, aux soldats du roi. L'autre a été transformée en un musée qui entoure le plus charmant des cloîtres. Sur ceci, du moins, le baroque n'a pas porté la main, et, en cette ville, en ce palais baroques, c'est la plus pure Renaissance qui nous accueille. La colonnade, les arcades sont dignes des plus nobles palais d'Ammanati ou de Palladio. Un jardin généreux, grimpant jusqu'aux balustres, envahit les portiques embaumés de fleurs. Au milieu, ceinturant un édicule composite, l'orgie des fleurs et des arbustes. Sous le soleil haut encore, tout scintille, et se reproduit le spectacle enivrant, jamais fastidieux, de l'union des marbres et des roses.

Du temps prospère où les moines détenaient la puissance, le musée, communal aujourd'hui, a gardé quelques tableaux, la plupart du XVIIe et du XVIIIe siècle, parmi lesquels brillent deux œuvres d'auteurs inconnus, un *Tobie* et une *Mort de Caton,* bien théâtrales et trop anecdotiques pour notre goût présent, mais d'une facture sans reproche. A côté de ces toiles, se distingue une *Vierge et Jésus enfant,* attribuée à Antonello de Messine, et qui, si elle n'est pas de la main du réaliste sicilien, est, du moins, d'un élève qui a compris la leçon de son maître. Pas plus que les architectes, les peintres du XVIIe n'ont regardé autour d'eux, n'ont su voir ce qu'on pouvait obtenir d'émotion par des lignes simples et du sentiment. Celui-ci était mort dans les cœurs : on y suppléait par des gestes désordonnés ; on ne les remplaçait jamais.

De cette époque bénie, à laquelle il ne faut pas manquer de rendre témoignage chaque fois qu'on la rencontre, de la Renaissance, Catane offre aux regards un des plus gracieux modèles, une porte, à Santa Maria di Gesù. Ce n'est rien, deux colonnes engagées, à listels, portant une architrave enguirlandée et surmontée d'un fronton que commandent deux anges porteurs d'armoiries, ce n'est rien et c'est charmant d'élégance. Le haut relief du fronton est aussi pur qu'un beau Robbia, dont il rappelle les effets doux et vigoureux à la fois. Élevée pour perpétuer la mémoire du seigneur de Paterno, qui commandait là où s'élevait l'antique Hybla, cette porte prolonge, dans la moderne Catane, le souvenir de ceux qui, ayant découvert l'antiquité, eurent le bon sens d'en conserver la mesure et le charme, s'ils ne pouvaient toujours atteindre à sa grandeur.

Catane avait Stésichore. Elle lui préfère Bellini. A l'inventeur du chœur antique, avec sa strophe, son antistrophe et son épode, « les trois choses de Stésichore », elle accorde un nom de place. A Bellini elle offre un théâtre et élève un monument. Ce que l'émule d'Alcé et de Sapho n'a pas obtenu, le vulgaire braillard de *La Somnanbula* et de *Norma* s'en voit couronné. La musique italienne a suivi le même chemin que la peinture, l'architecture et la sculpture. Après l'art si net, simple et pur des initiateurs, que l'on retrouve encore dans certaines chansons populaires, est venu l'art déclamatoire, boursouflé et criard de Bellini et de Donizetti. La France s'en délecta. Elle est revenue aujourd'hui au bon sens, elle revient à ceux dont Mozart s'inspira, Pergolèse ou Allegri. Elle a rendu bien volontiers à Catane les cendres de Bellini, qu'elle détenait. Et Catane, oublieuse de Stésichore, oublieuse de sa mélodie naturelle, de celle si chaude, toujours imprévue et jamais vulgaire, que l'on retrouve sur les lèvres des bergers et des *facchini,* Catane s'efforce de croire au génie de son dernier enfant. C'est à lui qu'elle a dédié le beau jardin où j'ai fini ma journée, face à l'Etna, parmi les fleurs, les rocailles et les bosquets, demandant à Pindare, à Hésiode, à Homère et à Ovide de me faire oublier, par leur nombre et leur génie, l'indigne enfant de la terre épique et couronnée de toutes les grâces.

« Superbe est la vue de l'Etna, à Catane, le soir, au coucher du soleil, quand la haute cime est comme un autel ardent et fumant sur l'énorme pyramide ; au couchant, le ciel fulgure de pourpre et d'or ; à l'orient, il est déjà plongé dans l'ombre immense qui tombe de la montagne et s'étend sur la mer, jusqu'aux premiers confins de la lointaine nuit ». Le volcan devant les yeux, je lis le beau livre de M. de Lorenzo, *L'Etna,* hymne d'un savant et d'un poète au monstre destructeur. De tous ceux qui l'ont chantée, ce savant est peut-être, avec Maupassant, le seul qui ait gravi la pustule géante. Chacun de répéter avec Ovide :

Ætneos apices solo cognoscere visu,
Non aditu tentare, licet.

Je le dirai à mon tour, en cette saison printanière, où les neiges, d'ailleurs, rendent toute escalade impossible à tenter. Je ne suis pas de ceux qui ne peuvent voir un pic sans éprouver le besoin de s'asseoir dessus. La montagne offre un paysage incomparable que toute approche diminue, à la lettre rabaisse. Des terrasses de la Villa Bellini, à cette heure du soir, l'Etna montre des flancs magnifiques que je foulerais sans les voir. Je le domine autant qu'il commande à la ville, scrutant ses plans divers qui m'échapperaient dans la fatigue de l'ascension. Perdu au milieu de ce nuage et de ces fumées, que verrais-je ? D'ici, au contraire, je vois les nuées qui vagabondent, trouant de lumière et d'ombre, alternativement, chaque partie, la fumée, rabattue ou enlevée par le vent, cachant et découvrant tour à tour la cime neigeuse qui scintille ou s'assombrit. Peu à peu, les étages de petits monts qui composent le volcan se précisent : la zone inférieure, où les plus riches cultures prospèrent, et dont le village de Nicolosi est le centre ; la zone boisée, couverte de châtaigniers d'abord, de chênes et de hêtres ensuite, puis de pins, et tous ne formant, vus de Catane, qu'une masse compacte, mais diverse, d'un feuillage gradué du vert tendre au vert sombre ; enfin, la zone désertique, où, au printemps, seule la neige règne, recouvrant les laves et les rochers vomis par le monstre. Énigmatique et terrible, cette zone suprême reçoit pourtant les regards les plus chargés de tendresse. De ses neiges, en effet, filtrent les eaux vives, celles dont s'abreuvait Polyphème, et dont se nourrit le sol fécond des régions basses, où se baigne et se désaltère un peuple intrépide dans sa misère. Sur cette terre brûlée de Sicile, où la moitié des rivières sont desséchées par suite du déboisement, les flancs bas de l'Etna portent un jardin riant et merveilleux. Incessamment secoués par des éruptions et des tremblements, qui se produisent en moyenne tous les vingt ans, ils se couvrent inlassablement d'une végétation luxuriante, profitant frénétiquement des répits. Pendant ce temps, tandis que les bouches vomissent cendres, laves et rochers, la cime désertique reste immuable, à peine touchée par le feu, comme si, tout en les détruisant, le volcan voulait ménager les campagnes, pour lesquelles il garde les sources ardentes de la vie, tandis qu'il leur crache la mort.

Depuis combien d'années Encelade ou Typhon sèment-ils ainsi l'épouvante et le carnage? Au temps de la période tertiaire, le rivage de Catane formait un large golfe, disent les géologues, d'où la montagne surgit un jour. Et le premier témoignage de son activité nous vient d'Hésiode : « Lorsque Zeus eut chassé du ciel les Titans, la large Terre, unie par l'amour au Tartare, eut un fils qui fut Typhon. Ses membres étaient énormes et puissants. Sur ses épaules poussaient cent têtes d'horribles dragons, à la langue noire, aux yeux brillant comme le feu, la voix tonnante comme le mugissement du taureau, le rugissement du lion, l'aboiement du chien, soufflant et glapissant à faire gémir toute la montagne... Jupiter, cependant, agite son tonnerre... La mer est remplie d'éclairs et de feu, la terre, le ciel et la mer bouillonnent ; sur le rivage, les vagues entrent en furie sous l'impétuosité des immortels, et de ces secousses sans fin naissent des chocs répétés... Puis Zeus saisit ses armes, la foudre destructrice, il frappe et brûle du haut de l'Olympe toutes les têtes de l'horrible monstre, qui tombe mutilé en faisant gémir la large terre. Le feu de l'inhumaine victime court se cacher dans les inaccessibles grottes de l'Etna, qui se met à souffler de tous côtés d'énormes vapeurs qui se liquéfient comme l'eau des étangs ou le fer liquide ».

Empédocle voulut savoir si le divin Hésiode avait justement chanté. Typhon le punit de sa témérité. A nous qui, depuis cette année 693, dont Hésiode, sans doute, poétisait ainsi le désastre, à nous, qui possédons les récits les plus circonstanciés et les études les plus minutieuses des savants, quoi donc donnera plus que ces strophes la vision de l'épouvantable surgissement ? Otez Jupiter et Typhon, il reste les têtes des dragons, qui sont les cratères incessamment formés, les monts changeants, comme les Rossi, au-dessus de Nicolosi, et qui ont jailli au XVIIe siècle. Il reste la vague furieuse sous l'impétuosité des immortels, et qui est proprement le recul des lames devant la masse rocheuse émergeant de son sein. Il reste le mugissement du feu jaillissant. Il reste le monstre mutilé, c'est-à-dire le changement continuel de la configuration générale ; il reste, enfin, les énormes vapeurs soufflées du fond des grottes inaccessibles — tout cela, phénomènes constants, vu par les savants conforme à la vision du poète, vu par le poète comme le verront après lui les savants.

Dans quelques semaines, je pourrais voir comme eux et comme lui. Je pourrais gravir les flancs divers. Je ne chanterais pas mieux qu'Hésiode, et le récit de Maupassant suffit à ma curiosité. Lucrèce l'a proclamé, il est doux d'être à l'abri des orages ! Et j'aime mieux, du milieu des bosquets et des corbeilles, interroger la complaisante montagne. Large, trapue, à peine soulevée au sommet qui semble la pointe d'un diamant, elle étale, au soleil couchant, « sa grande ombre obscure qui va bientôt effacer tout sourire de la mer. Avant qu'elle tombe, pourtant, on voit, en haut et à droite de la cime, une grande nuée blanche roulée en deux ou trois volutes, la pointe en bas, et qui semble résister à la brise, au milieu du perpétuel mouvement de ses sœurs éparses dans le large ciel ».

M. de Lorenzo, qui décrit ainsi et si bien le féerique spectacle dont je m'enivre à cette heure, se hâte de me dire que cette nuée est produite par un mouvement cyclonique d'air froid, qui condense la vapeur d'eau montant de la mer sous l'action du soleil. Que m'importe ! Le voyageur vient ici pour jouir des beautés offertes par la nature, voire par les hommes. Il ne vient pas pour en scruter les causes. Celles-ci, je les admets toutes, et si je préfère Hésiode et Virgile :

Fama est Enceladi semiustum fulmine corpus
Urgeri mole hac, ingentemque insuper Ætnam
Impositam ruptis flammam exspirare caminis !

qui donc, — on vient de le voir... — pourrait me reprocher de n'être pas savant ? Depuis deux mille ans, on n'a rien dit de plus que nous ne puissions lire dans la *Théogonie* et dans l'*Énéide*. On attribue aux actions géologiques et chimiques ce dont les poètes gratifient les dieux : les phénomènes accessibles à nos yeux, et peut-être à notre raison, restent semblables. Et, avant que le jour soit tombé tout à fait, je veux demander une dernière fois à M. de Lorenzo une grande leçon de sagesse, dont je voudrais bien garder toute la saveur à ma traduction :

« Lorsque je m'y rendis pour la première fois par un chaud après-midi de printemps, les neiges toutes proches de l'Etna brillant comme des diamants dans le ciel pur, je ne vis dans le village qu'une jeune fille brune, solitaire à sa fenêtre. Je lui demandai de m'indiquer où se trouvait la *crita*. Sans hésiter, elle descendit et m'accompagna, le long du ruisseau, jusqu'aux bancs de lave, sous laquelle, quelquefois au péril de leur vie, les pauvres gens vont chercher l'argile dont ils font les cruches pour l'eau de la fontaine et le vin vermeil, dispensateur de l'oubli ou créateur d'un sang non moins vermeil que lui. La jeune enfant s'appelait Alfia (ce qui veut dire Blanche), mais elle était brune comme une terre cuite, et aussi grossière. Elle semblait bonne et elle était certainement intelligente, plus intelligente pour ses quatorze ans que tous les autres, jeunes ou vieux, du pays, qui se pressaient autour de nous pour savoir le but de notre visite à l'argile. Alfia, elle, a compris que je cherchais des coquillages fossiles, et la voilà qui apprend tout de suite à les ramasser et à les distinguer des débris de gastéropodes terrestres qui, quelquefois, se trouvent emprisonnés dans l'argile même.

« Alfia, l'innocente Alfia, ne sait pas que cette argile formait le fond d'une antique mer où ces coquilles vivaient, alors que l'Etna, la grande montagne, n'existait pas. Alfia pourrait-elle même croire jamais qu'il fut une époque où la montagne n'existait pas, qu'en peu de temps elle s'est formée et qu'elle doit peu à peu se consumer de nouveau et disparaître ; qu'elle n'a pas toujours été là, immobile de toute éternité, pour tous les aïeux de ses aïeux, qu'elle ne restera pas là pour tous les enfants de ses enfants ? Alfia croit à cette éternité, tandis que nous savons que l'Etna, comme toute chose de l'univers, est caduc et transitoire, une éphémère pustule sur la peau changeante de la terre. Mais nous, qui savons cela, pouvons-nous nous flatter d'en savoir beaucoup plus que la pauvre Alfia ? Ce que nous ne savons pas et ne saurons jamais est si considérable, que notre ignorance vaut celle d'Alfia. Et le malheur qui nous accable avec elle est tel, que le peu de science que nous possédons devrait au moins nous servir à trouver le chemin qui mène où l'on se console. Ne nous avertit-il pas de cela, le sage Sakya, dans le discours qu'il tient au fils de Mâlunkyâ ?

— C'est, ô fils de Mâlunkyâ, comme si un homme blessé d'une flèche empoisonnée répondait à ses amis et compagnons, parents et conjoints, qui lui amènent un habile médecin : « Je ne veux pas qu'on me retire cette « flèche avant de savoir quel est l'homme qui « m'a frappé, si c'est un prince, un prêtre, « un bourgeois ou un serf. Je ne veux pas « qu'on me retire cette flèche avant de savoir « quel est l'homme qui m'a frappé, comment « il s'appelle, sa famille, et à qui il appartient. « Je ne veux pas qu'on me retire cette flèche « avant de savoir quel est l'homme qui m'a « frappé, s'il est grand, petit ou de moyenne « taille. Je ne veux pas qu'on me retire cette « flèche avant de savoir quel est l'homme qui « m'a frappé, s'il a le poil noir, châtain ou « blond. Je ne veux pas qu'on me retire cette « flèche avant de savoir quel est l'homme qui « m'a frappé, dans quel village ou bourg il « demeure. Je ne veux pas qu'on me retire « cette flèche avant de savoir quel est l'arc qui « la lança, s'il était court ou long. Je ne veux « pas qu'on me retire cette flèche avant de « savoir si la corde en était de corde, de fil, « de tresse, de boyaux ou d'étoupe. Je ne « veux pas qu'on me retire cette flèche avant « de savoir de quel bois elle est faite, de ro-

« seau ou de jonc. Je ne veux pas qu'on me « retire cette flèche avant de savoir si les plu- « mes dont elle est garnie sont de vautour ou « de héron, de corbeau, de paon ou de bé- « casse. Je ne veux pas qu'on me retire cette « flèche avant de savoir de quel cuir elle est « entourée, de bœuf ou de buffle, de cerf ou « de lion. Je ne veux pas qu'on me retire « cette flèche avant de savoir si la pointe en « est droite, courbe ou crochue, si elle est en « forme de dent de veau ou de feuille de « laurier rose ». Cet homme voulut tant savoir, petit Mâlunkyâ, qu'il mourut. Et c'est précisément, fils de Mâlunkyâ, comme si l'on disait : « Tu ne veux pas mener une vie ascé- « tique qui te rapprocherait du Sublime avant « que le Sublime ne t'ait fait connaître si le « monde est éternel ou éphémère, fini ou in- « fini, si la vie et le corps est une seule et « même chose, ou la vie autre chose que le « corps, si la perfection se rencontre ou non « après la mort, si elle existe ou non, ou s'il « n'y a que le néant. Le Sublime, petit Mâ- « lunkyâ, en ferait tant connaître qu'on en « mourrait ».

« Je pensais à ces paroles du Sublime, tandis que je suivais la petite Alfia, dont le pied agile me guidait à travers les laves vers les monts

Arsi, d'un rouge sombre de rouille dans la lumière du soir. Les pieds d'Alfia, qui n'avaient jamais subi la torture ou la déformation des chaussures, avaient la grâce, la mobilité et le naturel du pied d'un animal sauvage ; et moi, malgré mes longues jambes, j'avais peine à suivre ces deux pieds, qui effleuraient, prompts et légers, les rugosités de la lave, tandis que, sans se retourner, Alfia me racontait les incidents de sa misérable vie et me communiquait ses observations naïves et ingénues sur le petit monde où elle vivait. Et c'est avec peine, lorsque je fus parvenu au haut du sentier, que je vis s'éloigner la pauvre créature, qui s'en retournait à la lave et à l'argile, d'où elle est sortie comme une onde éphémère pour contempler un instant la lumière du soleil, et qui se perdra bientôt au sein de la terre, notre mère qui, comme dit Bruno, porte sur son dos et les nourrit, après les avoir portés dans son sein, ceux que, inlassablement, elle recueille en celui-ci ».

VI

LES CENDRES D'ESCHYLE

Syracuse.

La nymphe Aréthuse se montrait plus rebelle que la nymphe Syméthée, mère d'Acis, dont un faune avait couronné l'amour. Est-ce parce qu'Aréthuse était fille d'Achaïe qu'elle était plus farouche ? Pudique comme Diane et fuyant les désirs qui l'offensaient, un jour qu'elle se baignait dans un ruisseau qui courait le long de la forêt de Stymphale, Alphée la surprit et laissa voir les sentiments qui l'agitaient. Épouvantée à cet aspect, Aréthuse s'enfuit, court jusque sous les murs d'Orcomène et de Psophis, franchit le Cyllène, les vallons du Ménale, le frais Érymante et arrive dans l'Élide. Alphée cependant bondit sur ses traces, et déjà Aréthuse sent le souffle haletant du ravisseur éperdu effleurer ses chastes épaules. Elle invoque Diane : « Vole, ô Dictynne, au secours de celle que tu chargeas souvent de porter tes armes » ! Un nuage enveloppe aussitôt Aréthuse. Mais Alphée va peut-être à son tour invoquer quelque dieu ami, Vénus ou Pluton, ravisseur lui-même. Et Diane préfère perdre une nymphe que de la voir souillée d'un baiser. Elle change Aréthuse en ruisseau. Alphée devient fleuve aussitôt et va s'unir à Aréthuse. Alors Diane ouvre la terre; plongée dans les antres obscurs, Aréthuse roule sous les mers jusqu'à l'île d'Ortygie, en cette terre de Sicile, dont Diane partage la possession avec Minerve, qui règne à Himère, et Proserpine qui s'ébat auprès de sa mère dans les prairies d'Enna, non loin, sans doute, des prés où les génisses du Soleil furent égorgées par les compagnons d'Ulysse.

On dit, mais sans preuves, qu'Alphée suivit Aréthuse et que les Sicules, lorsque apparut la nymphe de la source nouvelle, virent, à côté du frais et innocent visage, la noire et sardonique face d'Alphée. Ils furent, en tout cas, et comme il arrive souvent, punis de leur mansuétude à accueillir la vierge sauvée. Corinthe apprit bientôt, en effet, la chasse amoureuse et voulut connaître les lieux bénis où Aréthuse était allée retrouver sa maîtresse, Diane aux pieds agiles, ces lieux où les hommes, loin d'être injurieux, accueillaient si volontiers les fugitifs. Sous la conduite d'Archias, les Corinthiens suivirent Alphée, mais comme il convenait à des hommes, en fendant les ondes et non en passant sous elles ; ils débarquèrent sur la plage de Syracuse. S'il est vrai que les Sicules n'étaient pas autochtones, mais Italiens, ainsi que le disent Diodore et Thucydide, ou Africains selon Homère, ou Espagnols selon d'autres, il leur arriva l'aventure que devait éprouver, de nos jours, un autre peuple étranger installé sur la terre africaine : les Sicules durent quitter les rives fertiles d'Ortygie et se réfugier dans les montagnes, où l'on a retrouvé dernièrement leurs tombes et quelques-unes de leurs armes.

La cité nouvelle ne tarda pas à devenir la plus puissante, la plus belle et la plus prospère de toutes les villes dont la Grèce, généreusement et imprudemment, parsemait la côte ionienne. Apollon aux cheveux d'or aime Syracuse ! s'écriera un jour Bacchylide. Comment Apollon n'aurait-il pas aimé cette Ortygie, sœur de l'Ortygie de sa Délos ? Tous les dieux chérissaient Syracuse, et Pindare l'appelait « le lit d'Artémis » et « reine des cités, chère à l'indomptable Mars ». Elle le prouva à la bataille d'Himère. Le monde grec, à ce moment, est à l'apogée de sa gloire. Il semble qu'il va imposer à toute la terre sa civilisation et ses lois. Longtemps après, il le fera, par d'autres voies obscures et par le moyen d'Alexandre et de César. A cette heure, c'est au grand jour qu'il se répand et rejette dans les sables africains et asiatiques ses ennemis ligués. Le jour même où Léonidas barrait les Thermopyles à Xerxès, Gélon, tyran de Syracuse, aidé de Théron d'Agrigente et de tous les autres chefs des petites cités de la seconde Grèce, Gélon précipitait dans la mer, devant Himère, les Carthaginois alliés des Perses. Les Grecs pouvaient se croire maîtres du monde. Le IVe siècle va voir l'apogée de la nouvelle Grèce, de la colonie qui peut se dire égale à la mère patrie, avec laquelle elle ne tarde pas à se mesurer. Ce qu'Athènes fut au Ve siècle, ce que seront Alexandrie au IIIe et Rome au IIe et au Ier, Syracuse le devient au moment de Gélon et de ses frères. Eschyle, Pindare en font l'ornement. C'est à Syracuse que *les Perses,* en 472, sous Hiéron, furent représentés pour la première fois. Eschyle y mourra un an avant que Denys n'installe la tyrannie. Bientôt les idylles de Théocrite naîtront sur les rives de l'Anapos, et lorsque Vénus voudra lancer à ses sœurs mortelles un défi d'où elle tirera victorieusement le nom de Callypige, c'est Syracuse qu'elle choisira pour la beauté inégalée de ses femmes.

Thucydide et Diodore donnent abondamment tous les détails politiques et guerriers de cet essor syracusain, trinacrien et grec en général. Ils nous font assister aux luttes des Grecs colonisés et des indigènes, puis aux luttes des premiers avec Athènes. Dans ces temps primitifs pourtant, si nous voyons nettement les événements se dérouler, nous ne devinons qu'imparfaitement les causes. Mais si l'on veut dégager, de ces phases diverses et aiguës, le phénomène social dont elles sont certainement l'expression, il n'est pas téméraire d'y voir la lutte entre l'élément indigène et l'élément importé, auxquels s'ajoute peut-être aussi un troisième élément, formé par les colons qui voudraient bien devenir, non pas Sicules, mais tout simplement Siciliens. Derrière Hiéron, derrière ses frères et derrière la démocratie, se battent en réalité la société sicule, redescendue des montagnes où les Grecs l'avaient obligée à s'enfuir, et la société grecque. Elles se partagent bientôt la ville, la première installée sur Achradine et à Ortygie, la seconde aux Épipoles. Les autres villes de Sicile suivent le mouvement, Agrigente, Segeste et Selinunte. Il était temps pour les Grecs de venir au secours de leurs frères émigrés. Athènes vota la guerre et mit à la tête de ses troupes Alcibiade, Nicias et Lamachus. Mais bientôt Alcibiade dut rentrer à Athènes, accusé de sacrilège. Lamachus fut tué. Nicias appela Démosthène, qui fut vaincu aux Épipoles. La flotte athénienne fut « embouteillée » dans le port de Syracuse et 7000 Athéniens furent jetés aux Latomies, où ils moururent de faim, du typhus et de rage.

L'heure est grave pour les Grecs. Ils le sentent. D'autant plus que le troisième larron est venu pour profiter du désordre. Ce larron s'appelle Carthage. De même que ce sera l'honneur d'Alcibiade d'avoir décidé ses compatriotes à l'expédition de Sicile, de même ce sera la gloire de Denys d'avoir réconcilié tous les citoyens et réveillé la conscience une des deux peuples, grec et sicule, qui vivaient côte à côte, se mêlaient donc l'un à l'autre depuis près de trois cents ans. Il s'agit bien de savoir qui l'emportera des colons, des indigènes ou des naturalisés, des indigènes colonisés ou des naturalisés devenus grecs, gréco-siciliens ou siciliano-grecs ! Il s'agit de résister tous ensemble aux barbares qui ont rasé Segeste, Agrigente, Selinunte, sans se soucier, eux, des maisons grecques ou sicules. Denys profita de cette nécessité autant que des divisions pour rétablir la tyrannie. Hiéron avait montré que celle-ci pouvait être paternelle. Elle le fut, dans la mesure des temps, sous Denys, c'est-à-dire d'une paternité quelquefois rude envers les ennemis intérieurs, envers la démocratie aux abois, voire envers l'armée elle-même, qui représentent chacun un des éléments, indigène, ou colonisateur, ou personnel de la lutte.

Denys est un prodige de décision et d'habileté; il apaise les rivalités intestines et, finalement, les tourne, réunies, contre le véritable danger, contre les Carthaginois. Toutes les villes de Sicile entendent l'appel de Denys. Elles se serrent derrière lui. Et lorsque Hamilcar vient mouiller devant Syracuse, Denys se présente ayant derrière lui tous les Grecs d'Italie et de Grèce! Trois cent mille Carthaginois périrent de la peste ou par les armes sur les rives de l'Anapos. La victoire de Denys est-elle grecque ou sicule? Il semble qu'elle est sicule, par l'autonomie qu'elle apporte aux cités et par la persévérance que met Denys à se soumettre les villes grecques de Sicile et d'Italie. Mais cette politique-ci paraît être plus personnelle que nationale et, de plus, la victoire de la civilisation grecque est complète dans les mœurs que Denys favorise. Anticipant enfin sur Caton, Denys ne cessera de répéter : « Delenda Carthago ! » ce cri romano-grec qui synthétise si bien la victoire de la science et des arts, de la civilisation enfin sur la barbarie. Denys ne fut ni Grec ni Sicule. Il fut du tiers-parti sicilien, un Sicilien qui, ayant connu la raison et la beauté, entendit en doter sa patrie.

L'abject Denys le Jeune, fils de l'Ancien, résume bien à nos yeux lointains le drame qui vient de se dérouler politiquement, et qui va maintenant produire ses conséquences sociales. Par lui, nous jugerons des obscurs remous qui agitent les cœurs à Syracuse et dans toute la Sicile. Comme celle-ci qui est encore partagée entre les indigènes et les colons, réunis mais non encore confondus, Denys le Jeune est un mélange de sauvagerie et de vertu qui ne s'équilibrent pas. Ah ! combien il voudrait être vertueux ! Il appelle Platon, il met sa confiance en Dion. Puis le lendemain, il chasse Platon, le trahit, le rappelle, le renvoie encore, et Dion est banni. Lorsque Platon réside à Syracuse, « la frugalité de régner, la modestie de paraître, la douceur d'inspirer, les études de fleurir ». Platon parti, c'est la débauche ; le palais resta fermé pendant trois mois, retentissant de chants d'ivresse et de cris de volupté. Platon revenu, on entend alors cette profession de Philistus qui exprime d'une façon saisissante la résistance indigène et qui jette un jour lumineux sur le travail social opéré dans les couches profondes des colonies grecques en Sicile : « A quoi nous sert-il d'avoir si victorieusement résisté autrefois aux Athéniens, si nous devons aujourd'hui nous laisser conquérir par un de leurs sophistes qui vient nous désarmer, afin que nous soyons une facile proie ! ». Et Denys, incapable de résister, faible et borné comme il était, aux violences de sa cour, renvoie Platon, non sans toutefois avoir le sentiment de sa honte : « Vous allez, lui sourit-il, dire du mal de moi avec vos philosophes... ». Dion, bientôt, comme il arrive toujours à ceux qui restent insensibles aux passions, et travaillent seulement pour le triomphe de la raison, fut accusé de « pactiser avec l'étranger », d'être « vendu » aux Carthaginois. Il dut partir pour la Grèce, d'où il revint pour combattre Denys et essayer de restaurer... la liberté ? Oui, mais surtout la prépondérance grecque, la civilisation de Platon, d'Aristote et de Périclès.

Denys se défend, fort de l'élément indigène, fort surtout des mauvais instincts qu'il représente. La lutte est chaude, comme elle le sera toujours entre la raison et les passions humaines. La populace va de l'une aux autres, ne sachant plus pourquoi elle se bat. L'a-t-elle jamais su ? Un troisième combattant, Héraclide, — peut-être le représentant du tiers-parti, préoccupé avant tout des « affaires » — surgit naturellement, et voilà la guerre civile à son paroxysme, avec toutes ses folies puériles et ses grandeurs. M. Michel Bréal a écrit dernièrement un livre : *Pour mieux comprendre Homère,* où il démontre que Homère est bien moins ancien qu'on ne le suppose. En lisant l'histoire de Syracuse à l'époque de Dion, on est invinciblement porté à ajouter encore aux preuves philologiques de M. Michel Bréal, des preuves tirées des hommes mêmes, du cœur humain. La lutte entre Dion, Denys et Héraclide, chacun ayant une fraction de peuple derrière lui, c'est au plus juste un poème calqué sur *l'Iliade.* Les mêmes ressorts s'y meuvent. Ulysse apparaît à chaque instant avec les mêmes ruses, qui obtiennent le même succès. Et la même mobilité des cœurs, la même puérilité, les mêmes héroïsmes, la même inconséquence, tous les gestes des compagnons d'Achille et d'Hector se retrouvent à la lettre. Ceux-là qui agissaient à la ressemblance des héros d'Homère ne devaient pas être bien éloignés de celui-ci.

La victoire de Dion fut complète. Il organisa à Syracuse le gouvernement idéal de son maître et ami Platon. On devine que ce ne fut pas pour longtemps. L'élément indigène et l'élément « affaires » bouillonnaient toujours; l'intrigue se serre autour de Dion, pleine de fantastique, d'apparitions, de morts étranges. Un Athénien, Callippos, se trouve à point pour exploiter ces passions et Dion est égorgé. Ce fut l'anarchie, au point que Denys, de retour, fut considéré comme un sauveur. Les Grecs appellent alors les Corinthiens à leur secours. Timoléon débarque à Syracuse « où, dit Plutarque, l'herbe était creüe si drue et si haulte en la grande place que les chevaux y paissaient et les palefreniers y couchaient ». Il s'empare de l'Euryèle, où Denys s'était enfermé, et exile le tyran une dernière fois. Mais ceux qui, autrefois, avaient accusé Dion de « pactiser avec l'étranger », ne trouvent pas le Carthaginois si méprisable, lorsqu'il peut les servir. Ils l'appelèrent. Timoléon n'en fit qu'une bouchée. La culture grecque resta définitivement, par lui, maîtresse de Syracuse, où il mourut dans un âge avancé, aimé et respecté. Sa tombe fut élevée sur la place publique et le jour de ses obsèques, le héraut Démétrius proclama dans Syracuse : « Le peuple de Syracuse porte à la sépulture Timoléon, fils de Timodème, Corinthien, enseveli aux frais de l'État, lequel a voté la somme de deux cents mines et a résolu de célébrer à perpétuité en son honneur des jeux musicaux et gymnastiques, et des courses de chars, parce qu'il a renversé les tyrans, vaincu les barbares, repeuplé la cité déserte et rendu aux Grecs de Sicile, les lois et la liberté ».

Avec Agathocle, l'élément indigène semble reprendre vigueur, mais il est de plus en plus conquis lui-même, dans les mœurs, dans ces « dessous » de la société dont l'histoire ne s'est jamais préoccupée jusqu'à nos jours, et qu'il faut deviner derrière les événements politiques. Puis ce furent d'autres essais, tantôt grecs, tantôt indigènes, parmi lesquels celui de Hiéron II qu'Archimède et Théocrite, qui vécurent à sa cour, nous ont rendu aimable, et celui de Hiéronyme, qui eut la honte de voir Marcellus s'emparer de la ville, la douleur de voir périr Archimède, et le désespoir de voir la belle Syracuse, « la moelle de la Sicile », ravagée, pillée, réduite à la servitude romaine, tombée dans une misère dont Bélisaire lui-même ne la relèvera pas. Rome fit ce que Carthage avait voulu faire ; elle mit d'accord les forces morales qui, depuis deux cents ans, se disputaient Syracuse. Elle emportait les trésors des Grecs, dont elle va, du moins, elle-même s'enivrer, qu'elle fera siens bientôt et qu'elle nous transmettra. Et l'esprit grec, après avoir conquis la Sicile, conquerra les Latins, en dépit des apparences et des faits politiques contradictoires, en dépit des consuls qui promenaient leurs victoires de Brindes à Athènes, d'Athènes en Syrie, et d'Alexandrie à Carthagène. Sur la plage de Syracuse, Verrès dressait ses tentes de lin, mais il envoyait à Rome la statue de Sapho. Ce fut avec orgueil que Cicéron annonça dans ses *Tusculanes* que, « lui, l'étranger d'Arpinum, avait découvert, sur la route d'Agrigente, les ruines du tombeau d'Archimède ».

*
* *

Depuis que je cours l'Italie, je n'avais pas encore rencontré de ville qui possédât une puissance d'évocation aussi souveraine. Si d'autres sont aussi riches d'héroïsme particulier et d'influence universelle, il n'y en a pas qui, autant que celle-ci, les offre dans un cadre aussi sévère, aussi implacable. Ce soir, tandis que le soleil descend derrière les collines où l'Anapos prend sa source, je me suis assis à ma fenêtre, au-dessus de la rade où les

Athéniens vinrent « s'embouteiller », en face le Plemmyrion où les Carthaginois échouèrent. L'hôtel où je loge est bâti sur l'emplacement du temple d'Apollon ; il plonge sur la fontaine d'Aréthuse, dont je vois les papyrus s'écheveler au vent et dont j'entends le jacassement élidien. Sur l'autre rive, la tache blanche du théâtre où Eschyle connut ses triomphes, l'embouchure de l'Anapos et de Cyané, à droite Neapolis et Achradine, tandis qu'au loin s'indique la hauteur du Belvédère. Des paysages aux noms aussi pleins il y en a. Mais il n'y en a pas où les choses nommées se présentent à la mémoire de celui qui vient les voir, aussi dénuées de ce qui n'est pas évocation. Si vous n'êtes pas susceptible d'entendre la voix d'une pierre nue, ne venez pas à Syracuse. Mais si la pierre nue vous parle, même en simple murmure confus, accourez donc ! Depuis deux jours, du lever du soleil à son coucher, je saute les rochers et j'enjambe les pierres. Pas une fois je n'ai rencontré une trace quelconque d'une œuvre d'art quelle qu'elle soit. Du théâtre à Achradine, de Tyché aux Épipoles et à l'Euryèle, ce n'est qu'amas de rochers blancs, poussiéreux, taillés quelquefois — mais, ce quelquefois, c'est toute la belle histoire dont je m'enivre à cette heure.

Oh ! comment ne pas se sentir transporté en regardant cette rade que les combats entre les enfants de Cadmus rougirent de sang ; comment, en voyant les rives de l'Anapos, ne pas frémir au souvenir des trois cent mille Carthaginois ; comment, sur le haut du théâtre, devant les beaux gradins arrondis et Ortygie au loin étendue, devant les murailles de Neapolis, devant la nymphée et la mer où Bélisaire fit jeter les membres découpés de Macedonia, qui lui avait dénoncé les amours de son indigne épouse Antonia avec un jeune Thrace, comment ne pas vibrer à tout ce que contient notre âme de ceux-là qui périrent ici afin de nous laisser l'héritage dont est faite notre vie présente ? Ces *Perses*, représentés ici pour la première fois, étaient deux choses en même temps : un chef-d'œuvre de l'esprit humain, et le triomphe de la Grèce sur Carthage. Les *Perses*, c'était Himère, c'était Salamine, que Gélon de Syracuse renouvela sur les bords trinacriens. Viendront les Latomies. Les cadavres athéniens engraisseront le sol fertile de Syracuse, bientôt conquise par les morts. Et lorsque je lis Théocrite, c'est à son poème des *Fêtes d'Adonis* que je cours. Gorgo et Praxinoa, ne sont-ce pas les dignes filles des Syracusaines de Denys ? Je les vois penchées au-dessus des Latomies, là où aujourd'hui pendent des cactus agrippés au-dessus de l'abîme et qui semblent les derniers prisonniers cherchant, de leurs bras tendus, à se hisser hors de l'infecte prison. Je les vois, Gorgo et Praxinoa, qui regardent, au fond des carrières, pourrir la fleur des Athéniens. Elles se rient des martyrs, et, sur leur gorge éclatante, les colliers font un bruit sinistre. Elles se montrent du doigt tel misérable rongé par la peste, tel autre gémissant, tel autre traînant sur des jambes chancelantes un torse touffu, qui les trouble encore. Dans l'amphithéâtre, reconstruit par les Romains, j'ai vu présider aux jeux Philistide, la femme de Hiéron II, et Nérée, la femme de Gélon II. Sur l'Euryèle, j'ai vu Marcellus s'épuiser en vain à prendre la citadelle imprenable. Et, monté sur les plus hautes pierres de la forteresse, j'ai contemplé l'Etna, si fin d'ici, léger dans l'air bleu, dans l'air incomparable, où se dressent tous les plus beaux temples de mémoire. Prenons les souvenirs sans choisir entre eux ! Et ce soir, sous le murmure d'Aréthuse, c'est le grand poète national de la moderne Italie, Carducci, que j'associe au divin Théocrite :

Amor, Amor, susurran l'acque, e Alfeo
Chiama nei verdi talami Aretusa
Ai noti amplessi.

Du premier au dernier, des grands à l'infime que je suis, c'est la grande chanson gréco-latine qui retentit sur ces bords. J'ai le droit, de par ma race et ma pauvre culture, de vibrer ici comme à la tombe fraternelle, et de pleurer Aréthuse, et de gémir sur la brutalité des soldats de Marcellus qui tuèrent Archimède, et, lorsque je suis grimpé sur les murs de l'Euryèle, de saluer Denys et d'envoyer à l'Etna un hommage familier.

Syracuse, c'est tout cela ou ce n'est rien. Mais soyez sans crainte, c'est bien tout cela. Il faut avoir fait le tour des trois ou quatre villes antiques qui dominaient Ortygie et la belle rade tant convoitée pour savoir ce que vaut un rocher ! Traîné dans un vetturino, que j'appelle char, par un cavallo que je nomme Phérénice, du nom du cheval de Hiéron, j'ai parcouru en tous sens l'immense plateau calcaire où Grecs, Sicules, Carthaginois et Romains s'entre-choquèrent et qu'ils se disputèrent : sauf aux deux extrémités, le théâtre et l'Euryèle, il n'y a plus trace humaine. Seuls, quelques trous carrés, dans les parois basses, indiquant des tombeaux ; hors cela, plus rien que le rocher blanc, mais un rocher si grandiose que les cris d'admiration échappent à chaque tour de roue. Le plateau est infini, à perte de vue, plat et bas, à peine semé çà et là d'un peu d'herbe, et, ce plateau, c'est toute la vie de la Grèce qu'il a portée. Il est indescriptible et sublime. Rien ne peut, mieux que lui, faire comprendre ce que furent les temps fabuleux dont nous avons été bercés. Je pensais à Homère tout à l'heure. Ainsi je m'imagine les ruines de Troie, pareilles à l'Achradine désolée et si fière encore. L'Euryèle est une œuvre devant laquelle on reste épouvanté : fossés, galeries souterraines, et ces murs formidables, colosses, qui rappellent les travaux d'Hercule lui-même, et les entassements fantastiques des plus légendaires cités dont Virgile, parlant d'Énée qui aide à bâtir Carthage, nous a transmis, je le vois, le souvenir conforme à la réalité. Lorsque Didon ceignait sa ville de murailles, c'étaient de celles-là ! Et ceux qui les élevèrent ici s'appelaient Denys, ceux qui les prirent d'assaut Timoléon, ceux qui les renversèrent Marcellus et Bélisaire, le pain même de nos pères et le nôtre !

Mais voici, pourtant, l'enchantement des Latomies. J'y suis descendu et j'ai vu les cavernes profondes, l'Oreille de Denys, grotte immense, ainsi nommée pour sa forme d'oreille et pour son écho. Était-ce bien au-dessus de ce gouffre que le palais de Denys s'élevait, ce qui, dit-on, permettait au tyran d'entendre les gémissements des prisonniers ? Derrière le théâtre, la Latomie du paradis, où se trouve cette oreille, offre la plus extraordinaire grotte que l'on puisse voir. Des cordiers, aujourd'hui y filent leur chanvre. Et c'est un trou formidable, profond, qu'une source arrose, et d'où pendent en stalactites monstrueuses les pans de rocher sur lesquels on découpait les pierres nécessaires aux travaux de la cité. Abandonnées à elles-mêmes, ces carrières ont poussé tous les arbres de la nature sicilienne. Les Latomies sont devenues aujourd'hui, celle des Capucins surtout, les jardins les plus magnifiques, à la végétation abondante, aux grottes et voûtes bizarres et puissantes, aux fruits édéens. J'y ai cueilli une nèfle du Japon à la saveur de fraise.

Les chrétiens, cependant, vinrent un jour à Syracuse, derrière saint Paul, et ils ont laissé des catacombes dignes de l'Achradine et de Tychè. Vastes, spacieuses, aux larges couloirs, aux tombes considérables, infinies de circuit. On dit qu'elles ont plusieurs kilomètres de surface... Dépouillées de leurs ornements, tombeaux, peintures, mosaïques et ossements, elles sont retournées aujourd'hui au paganisme ; rien ne les distingue plus de la voie des tombeaux ni de l'Euryèle. Rien que la charmante église Saint Jean, du XIIe siècle, avec ses porches séparés du mur où la porte est encastrée. Sur la colline d'Achradine, hormis Saint Jean, il n'est rien qui vous distraie, qui vous sourie, il n'y a place que pour la majesté et l'ivresse antiques.

Dans Ortygie, au contraire, tout rappelle les temps accessibles. Les Espagnols, les Romains ayant pillé, démolirent, et l'Ortygie d'aujourd'hui où s'est concentrée Syracuse n'a plus rien des aspects héroïques. Dans le temple de Diane, ou de Minerve, une église baroque s'est logée. Mais elle a conservé toutes les colonnes doriques du pourtour extérieur, quelques-unes de l'intérieur, plus un fragment du mur de la cella. Des palais, entre autres le palais Montalto, et, au bord de la mer, à la pointe d'Ortygie, le château de Maniakès, du nom du vainqueur byzantin des Sarrasins de Sicile, conservent quelques traces normano-sarrasines, avec leurs portes ogivales et leurs fenêtres lancéolées. Et le musée, beau bâtiment moderne, nous ramène enfin aux rivages heureux qu'on ne veut plus quitter.

Deux œuvres y brillent d'un éclat incomparable, effaçant toutes les autres, et que Marcellus oublia, l'*Aurige de Delphes,* sa reproduction du moins, et l'illustre *Vénus,* dont on fait honneur aujourd'hui à Maupassant parce qu'il est celui, s'il ne fut pas le premier à en parler, qui la chanta avec le plus d'amour :

« Ce n'est pas la femme poétisée, la femme idéalisée, la femme divine ou majestueuse comme la Vénus de Milo, c'est la femme telle qu'elle est, telle qu'on l'aime, telle qu'on la désire, telle qu'on la veut étreindre. Elle est grasse, avec la poitrine forte et la jambe un peu lourde ; c'est une Vénus charnelle, qu'on rêve couchée en la voyant debout ».

Il faudrait tout citer. La page est d'un grand amoureux de la femme, et qui connaît bien l'objet de son culte. Cette Vénus possède toutes les qualités que l'ardent Maupassant lui accorde. Peut-être remarquerai-je, pourtant, que le haut du corps est un peu mou, tandis que les cuisses et les jambes frémissent de vigueur, et saisissent la réalité la plus sévère. Jamais, je crois, on n'a rendu aussi strictement, dans l'ampleur, des jambes de femme. Les genoux vivent littéralement, les beaux genoux bien polis que des plis légers, si légers qu'on dirait une ombre, sillonnent. Sans réserve, en revanche, je louerai, ainsi que Maupassant, avec moins de volupté peut-être, mais avec tout autant d'admiration, ce dos et ces reins magnifiques. Est-ce cette femme qui fut la rivale dont triompha Callypige? Les femmes de la Syracuse moderne qui possèdent encore, des Syracusaines d'autrefois, ces yeux profonds et fulgurants qui bouleversaient Théocrite, et devant lesquels nos pauvres yeux doivent se baisser de crainte et un peu de honte, nous diraient seules si le modèle de cette statue put se mesurer avec Vénus. Le noble *Aurige* de bronze était sûrement de Syracuse. Hiéron, « vainqueur au char retentissant », fut chanté par Pindare pour sa victoire aux Jeux Olympiques de la 77e olympiade. Apollon, protecteur de Syracuse, reçut en souvenir l'un des chefs-d'œuvre de la statuaire grecque, dont celui-ci est la reproduction. Il faut avoir vu la robe aux plis rigides pour comprendre la magique puissance de la ligne. Et, devant l'*Aurige,* s'échappe enfin de mes lèvres le cri que je cherchais depuis Taormina : Des lignes ! Des lignes ! De belles lignes simples, droites, douces et fortes à la fois, douces par leur frémissement dans la lumière, fortes par leur calme chaleureux. Des lignes ! Elles sont ici partout, sur la plaine de calcaire, autour des eaux, au fond d'Aréthuse, où les papyrus se balancent. Elles sont enfin dans les vitrines du musée, pleines, à y perdre la vue, de médailles aux profils purs et de statuettes aux gestes divins. L'une de celles-ci surtout m'a remué, à l'égal de Maupassant sa Vénus. Et c'est une petite Syracusaine, bien prise dans sa robe entr'ouverte. Le bras gauche est levé et dessine la courbe de l'équilibre, tandis que le bras droit, entraînant le corps qui penche, rajuste la sandale sur le pied gauche placé en travers du genou. Le mouvement a été saisi avec une telle vérité dans sa grâce féminine, que, pour cette fine et sobre Syracusaine, j'abandonnerais à Maupassant toutes les grasses et avides Vénus qu'il voudrait.

*
* *

Au temps d'Ovide encore,

Inter Sicelidas Cyane celeberrima Nymphas,

l'Anapos et Cyané mêlaient leurs ondes. Des travaux récents les ont séparés, comme Aréthuse d'Alphée, et la nymphe aux belles tresses, punie pour son zèle indiscret, reste privée du fécondant Anapos. Les dieux n'aimaient pas que les nymphes fussent chastes : ils voyaient dans leur vertu une leçon.

Proserpine folâtrait dans les prairies d'Enna. Pluton la ravit à ses jeux et l'emmena vers son noir séjour. Sur sa route, « tandis qu'il anime, dit Ovide, ses coursiers en les désignant par leur nom, et en secouant sur leur cou et sur leur crinière leurs sombres rênes », Cyané se dresse devant lui, du milieu des eaux de Syracuse, du golfe, bientôt tragique, où elle dort non loin d'Anapos. « Vous n'irez pas plus avant, dit-elle. Vous ne pouvez, en dépit de Cérès, devenir son gendre. Il fallait demander Proserpine et non la ravir.

> Quod si componere magnis
> Parva mihi fas est,

moi aussi je fus aimée d'Anapos. Mais il me pria et ne me violenta point. » Le fils de Saturne, outré de l'indiscrétion, plus peut-être que du juste reproche, fouette ses coursiers, et d'un bras vigoureux plonge son sceptre au fond des eaux. La terre s'entr'ouvre, et Cyané, pour avoir voulu trop bien faire, précipite les noces de Proserpine, qui disparaît avec son ravisseur, tandis que Cyané est changée en fontaine, afin qu'elle puisse pleurer à son aise la vierge qui ne lui demandait rien.

Elle pouvait cependant alors se consoler aux bras d'Anapos. Les hommes impies d'aujourd'hui ont aggravé son infortune en la séparant de son amant. Ils la visitent, il est vrai, et sa vanité la console peut-être de son veuvage.

C'est vers elle que je vais dans une barque qui traverse les eaux du golfe et il ne me faut pas une imagination trop complaisante pour me croire Hiéron sur sa galère... Celle-ci enfermait sans doute dans ses flancs des jardins où couraient des ruisseaux, où se balançaient des arbres touffus. La mienne, qu'un enfant écoppe, porte sur son banc de beaux œillets blancs et roses, et un Palinure chante à l'égal des rameurs de Gélon. Nous allons vers Cyané, là où s'élève « cette forêt sans branches » que célébrait Cassiodore, venu ici avec les Goths; « cet ornement des marécages, cette moisson qui croît dans les flots, plus molle que les arbustes et plus douce que l'herbe ». Je vais vers Cyané, la rapide rivière que la barque bientôt remonte, mon Palinure geignant et l'enfant courbé sur sa perche attentive. Le courant est violent; il semble que Cyané n'ait pas encore apaisé sa colère, à moins qu'elle ne nous punisse de l'avoir séparée d'Anapos. Entre les rives rapprochées, il y a juste la place pour la barque et les rames allongées. Les remous produits par les méandres vous jettent, à chaque coup, de côté, et l'enfant doit, de sa perche, rétablir l'égalité des eaux. Dans la plaine nue, rocailleuse, Cyané coule, en détours infinis, avec caprice et violence. La lutte entre le courant perfide et la galère subtile est continuelle. Elle passionne bientôt, et, lorsque Palinure, les reins cambrés, les bras rigides, lorsque le petit Iule, à l'œil méfiant, ont vaincu la traîtrise des eaux précipitées, l'envie vous vient de les célébrer sur le mode d'Énée.

Peu à peu l'on remonte pourtant, et voici que s'aligne « la moisson des flots ». « Ces masses touffues de tiges vertes, flexibles, de quinze à dix-huit pieds de haut, couronnées par un élégant épanouissement de fils légers terminés en éventail, forment de petites îles impénétrables dans l'eau pure de Cyané. La végétation aquatique qui s'établit dans ces canaux rarement troublés est d'une fraîcheur exquise. Ce sont de vraies prairies flottantes qui couvrent la surface du ruisseau, et ondulent sous le mouvement de la rame, comme l'eau elle-même. De belles feuilles vertes, en forme de conques tournées vers le soleil, étalent tout le luxe voluptueux d'une végétation hâtive ». A ce tableau d'Ernest Renan, je ne vois rien, à cette heure, à reprendre, si ce n'est la fraîcheur. J'ai craint « la traîtrise de la nature », les moustiques propagateurs de la fièvre. Et je suis venu à Cyané au milieu du jour. Le soleil est haut, et la brise qui agite les chevelures des papyrus ne descend pas à la surface des eaux. Ce n'est qu'avril pourtant, et c'est août sur nos rivières de France. Mais qu'importe! L'ivresse de cette navigation adroite, entre ces papyrus africains, vaut tous les soleils. C'est ainsi, la face rubiconde, qu'il faut écouter la chanson des chevelures, regarder le balancement des feuilles vertes. Plus d'une heure se passe à lutter et à reposer ses yeux sur la tendresse impalpable des touffes suprêmes. Ah! qu'il fera bon, tout à l'heure, descendre au fil du courant précipité! Parfois, cependant, un repos. Des saules baignent dans l'eau vive, oasis de fraîcheur et de calme. Ce n'est plus Cyané courroucée. C'est Clitumne, ce sont les rives d'Ombrie. Puis les rives échevelées reprennent, la violence vous repousse et la lutte, avec l'angoisse, recommencent. Tout à coup la rivière s'élargit en un bassin tranquille. Les eaux sont bleues, d'un bleu de pierre précieuse, mais transparent à s'y mirer. Par dix mètres de profondeur, je vois sourdre la source, briller les cailloux et les petites plantes mystérieuses. Cyané, vais-je l'apercevoir? Je me penche et l'appelle déjà, lorsque Palinure me réveille. Il me tend un peu de cette eau fraîche à boire, et, pour le plaisir, il m'enseigne à préparer le papyrus.

Nous sommes repartis, Palinure et Iule « flânochant », emportés par Cyané toujours indignée. Des barques nous croisent, des troupeaux nous saluent au passage. Et je souris à la dernière merveille de Syracuse, les chèvres, d'un jaune clair, d'un jaune soyeux et tendre, à la tête fine, fine, une tête de camée, les douces chèvres que Ménalque offrait à Daphnis pour prix de leur joûte, et je leur crie avec le chevrier de Thyrsis : Et vous, chevrettes, ne bondissez pas ainsi, ou gare au bouc !

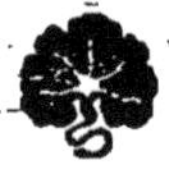

VII

LES PLIS RACINIENS

Agrigente.

De Syracuse ou de Catane à Girgenti, ce n'est rien moins que toute la Sicile que l'on voit, c'est-à-dire ses paysages terriens. Le chemin de fer la pénètre de part en part, et en son milieu ; de tous côtés, vallons, prairies et champs de verdures, rochers qui surplombent, rivières avares et cours d'eau desséchés. De ceux-ci le nombre est grand. Autrefois, d'épaisses forêts couronnaient les montagnes, qui pouvaient verser peu à peu sur leurs penchants les eaux retenues. La misère et l'ignorance ont poussé les hommes à raser les forêts, et, par tant d'imprévoyance, ce n'est pas seulement l'aspect des hauteurs qui a changé. Les vallées et les côtes ont, elles aussi, été transformées. La Sicile, privée d'eau, a pris une apparence rêche que Dieu, en la créant, lui avait épargnée. L'industrie, enfin, est venue exploiter les antres des Cyclopes et des Lestrigons ; elle ne les a pas embellis. Et si je faisais un voyage d'économiste, j'aurais beau jeu à brosser le tableau le plus tragique. Le régime ouvrier dans les mines de soufre est l'un des plus effroyables que l'on puisse connaître. Je viens de lire un ouvrage français sur les conditions sociales, sur le travail humain en Sicile. Il n'est pas de *Germinal* qui fasse frémir autant. Si ces problèmes vous occupent et vous émeuvent, lisez ce livre : *La Sicile sous la monarchie de Savoie,* par le vicomte Combes de Lestrade. C'est une ombre bien noire qu'il jette sur notre joie à errer dans ces campagnes riches en souvenirs, et si pauvres, non pas même de bien-être, simplement de vie. A chaque station, lorsque j'aperçois les grandes plaques jaunes, les pages terribles, dans leur froide précision, me font courber la tête. L'apologue au fils de Malunkya me revient à l'esprit : qu'importe à ceux-là qui meurent de faim et d'épuisement, que leur importe notre émerveillement ! Peut-être ferions-nous mieux de travailler à rendre leur sort meilleur. Descendre dans ces abîmes où des enfants périssent pour des salaires dont on rougit au point de n'oser les énoncer... Mais qu'y ferions-nous, ô dieux de Théocrite ! Pour nous, passants, il n'est que le poète qui puisse nous conduire. Incapables d'autre tâche que d'effleurer ce sol, résignons-nous à butiner, honteux peut-être de notre frivolité, conscients du moins de notre impuissance. En cet avril, les yeux n'enregistrent que pastorales. Que faire, lorsque, ayant quitté Villarosa, où le soufre abonde, on monte peu à peu, de viaducs en tunnels, de gorges en prairies, vers l'antique Enna, que faire, si ce n'est voir s'ébattre dans ces frais vallons, sur ces doux versants, l'insouciante Proserpine ? Là-haut, Castrogiovanni a bien l'aspect farouche. Il n'effraie pas pourtant. Et les faits d'armes carthaginois, arabes, normands, qui l'illustrèrent, de nos jours, ne peuvent, pas plus que les mines sur les prés, l'emporter en nous sur la tendre Enna d'autrefois et dont il a rejeté le nom.

« Non loin d'Enna, nous dit Ovide, est un lac profond qu'on appelle Pergus. Il est environné d'arbres qui lui versent une ombre dense et arrêtent les rayons du soleil. Leurs rameaux concentrent la fraîcheur. La terre humide est parsemée de fleurs, le printemps est éternel. Et tandis que, dans ces bocages, Proserpine cueille violettes et lis, dont elle s'empresse de remplir ses corbeilles et son sein, impatiente d'une moisson plus abondante que celle de ses compagnes, Pluton la voit, l'aime, et grande est la hâte de son amour. La déesse appelle sa mère et ses compagnes, sa mère davantage. Elle déchire sa robe, d'où les fleurs s'échappent. Et la simplicité de son âge si tendre est telle que sa douleur virginale se concentre sur cette moisson perdue... Cérès, cependant, descend jusqu'au fond des eaux. Un tison allumé à l'Etna, dans la main, elle fouille sans repos les plus froides ténèbres.... ».

Revenue en Sicile, Cérès rencontre Cyané, qui ne peut parler, mais qui montre la ceinture de Proserpine flottant sur ses eaux, à la mère éplorée. Cérès comprend alors, arrache ses cheveux et se frappe le sein, maudissant la terre entière, dont elle est la bienfaitrice, et qui a laissé, pourtant, s'échapper le ravisseur avec son butin. Elle sème la désolation et le carnage sur les champs qu'elle fécondait. Aréthuse, cependant, lui reproche cette vengeance sur la terre impuissante. Et Cérès court implorer Jupiter, le père de son enfant. Jupiter est un roi qui, connaissant la faiblesse, sait, lui du moins, l'excuser chez ses filles. Il tient à Cérès un discours que nous retrouverons un jour sur les lèvres de Wotan répondant à la rigide Fricka :

« Appelons les choses par leur nom ! Lorsque l'amour commande, il ne peut y avoir injure ! De plus, Pluton n'est pas un gendre si méprisable. Il est mon frère, ne l'oublie pas. Cependant, je veux bien faire quelque chose pour toi. Si Proserpine n'a pas encore mordu au fruit que tu lui défendais, je te la rendrai ». Proserpine a déjà mordu. Mais Jupiter est bon pour tout le monde, même pour les vieilles mamans trop maternelles. Et il prononce un jugement qu'un président de chambre de divorce ne désavouerait pas : Proserpine partagera son temps également entre la sombre demeure de Pluton et les prairies d'Enna. Nous devons croire que Proserpine a trouvé l'orange à son goût, car, malgré la permission de Jupiter, elle n'a plus reparu dans les prés fleuris. Il est vrai qu'il n'y a plus de Pergus pour les rafraîchir, ni de forêt pour les ombrager. Cicéron fut peut-être le dernier qui pût encore contempler ces tendresses. Mais il ne dit rien de Proserpine, déjà recluse volontaire. « Au sommet que couronne Enna, écrit-il dans ses *Verrines,* régne un large plateau qu'arrosent des eaux incessantes ; la ville s'élève isolée sur son rocher, comme si le ciseau l'eût détachée de toutes parts. Elle est environnée de lacs et de bois sacrés, où les plus brillantes fleurs se renouvellent en toute saison ».

De ce tableau, nous ne voyons plus que la ville isolée sur son plateau et les prés fleuris. Les génisses du Soleil, que mangèrent les compagnons d'Ulysse, n'ont pas laissé de postérité. Les cent troupeaux aux vaches mugissantes d'Horace, eux-mêmes, sont partis. C'est maintenant le désert voulu par Cérès, mais le désert dont Aréthuse lui a conseillé d'atténuer l'horreur. Les lacs sont desséchés, les forêts coupées, mais tout est frais encore, et l'on ne peut s'empêcher de songer au petit effort industrieux qu'il faudrait faire pour rendre à cette terre, à ce peuple que Cicéron jugeait fort, laborieux et sobre, les riches troupeaux de Pindare.

Bientôt, cependant, le chemin de fer redescend vers le Sud ; c'est Girgenti, l'Agrigente des Romains, l'Acragas des Grecs, qui nous appelle sans rémission. Au juste, Acragas-Agrigente n'est pas Girgenti. Celle-ci est la ville moderne, bâtie, croit-on, sur l'emplacement de l'acropole d'Agrigente, c'est-à-dire de la citadelle de l'antique Acragas. Agrigente s'étend sur le plateau situé au-dessous de Girgenti elle-même et dominant son port, Porto-Empedocle.

Non point, certes, aussi rapidement que lui, mais du moins du même œil qu'Énée, devrait-on voir Agrigente.

Arduus inde Acragas ostentat maxima longe
Mœnia, magnanimum quondam generator equorum.

De la mer, où voguaient les vaisseaux du fils de Vénus, ces ruines sur ce coteau verdoyant, ayant pour fond les rochers plus hauts de Girgenti et ceux que, dit-on, Empédocle fit tailler pour assainir la ville, ces ruines toutes rouges, d'un rouge de terre fraîchement labourée, bien repoussées sur le fond d'oliviers et d'amandiers, et sur le roc calcaire, découpant l'azur ardent du septentrion entre leurs colonnes, ces ruines doivent être incomparables. Ce matin, au jour levant, je les vois du haut de la colline, la mer derrière elles. Les colonnes rousses se dressent sur le fond encore brumeux de la mer. Les bocages semés autour d'elles les noient de fraîcheur. Pour qui, et c'est le cas des neuf dixièmes des voyageurs, a vu Pæstum auparavant, il semble qu'il ne puisse y avoir de surprise, ce coup violent qu'on reçoit au cœur à l'approche d'une beauté parfaite, et que l'on découvre. Je connais ça ! se dit-on.

Non, on ne le connaît pas. On ne le connaît

pas, parce qu'il est une chose que Pæstum ne peut donner, et dont Agrigente tire sa gloire légitime. Pæstum est un désert aride et plat où les ruines prennent allure de phénomène. Dans la plaine napolitaine, Pæstum n'a de beauté qu'intrinsèque. Elle manque de l'harmonie nécessaire avec le paysage et les souvenirs. Ici, la perfection est complète, achevée. Ce qu'il faut à ces œuvres grecques, ce n'est pas seulement la beauté intime, c'est aussi celle de l'ensemble du décor où le chef-d'œuvre est inscrit, et que complète la trace intellectuelle des temps qui édifièrent le chef-d'œuvre. Je verrai tout à l'heure, lorsque je tournerai autour des temples, je verrai leur noblesse personnelle, dont je suis sûr, et qui me laisse sans impatience. Mais ce qui, tout de suite, éclate à mes yeux, c'est la parfaite entente des hommes et des lieux. Bien souvent, depuis que je voyage en Italie, j'ai eu l'occasion de réclamer des artistes la concordance entre leurs œuvres architecturales et la nature. Au nom de ce principe, essentiel à l'art monumental, j'ai condamné le baroque et le gothique italiens. Les temples d'Agrigente justifient mon exigence. Ils me fournissent la preuve directe que je suis dans la vérité. Sous ce ciel si bleu, d'un bleu aveuglant, sur ces rochers et parmi ces verdures d'amandiers et d'oliviers, devant cette mer azurée, d'un bleu gris clair, du bleu de l'argent, où tout est si net, se détache sans artifice possible, sans tricherie, de quelle indigence seraient nos pierres effilées, guillochées et en perpétuelle instabilité ! La splendeur du Parthénon, je la devine dans l'atmosphère d'Athènes, violette et franche. Agrigente me la fait comprendre aujourd'hui. Les lignes que je trouvais à Syracuse, les voici debout, et non plus dans la poussière. Elles sont sévères et nues, et c'est bien ainsi qu'elles doivent être, parce qu'elles seules se peuvent mouvoir dans cette lumière et cet air, avec égalité. Point n'est besoin de défier les nuages. Point n'est besoin de surprendre des rayons. Il faut au contraire rester discret et ouvert à toute clarté. Ces colonnes sortent de la terre comme des arbres, et ce sont des troncs, à la lettre, qui se chauffent au soleil pour former des rameaux. Elles sont filles de ce sol dur et rêche. Le soleil et la brise les ont tournées. Comme les arbres aussi, elles se penchent pour porter leur fardeau. A la lumière elles s'ouvrent pour se féconder. Les frontons dessinent une arête nue où les gloires de l'astre s'accrochent. Trapues, elles sont légères pourtant, parce que le frémissement de l'air les soulève. Et la ligne de leur succession uniforme ne sert qu'à circonscrire ce que les hommes réclament de limite à la majesté, qui les terrifie toujours. L'harmonie du monument et du paysage, les Grecs la sentirent plus que tous autres. S'ils atteignirent du premier coup à la perfection, c'est parce que leur instinctive raison les soumit à la grande loi. On bâtira des monuments qui feront plus d'honneur à l'ingéniosité humaine. On n'en a jamais bâti qui glorifient davantage l'esprit humain.

Soyons simples et harmonieux. Tout est là. Je le vois davantage encore, maintenant que je me suis approché et que j'ai circulé dans le temple de la Concorde et dans celui de Junon Lacinienne. Je n'ai pas à en comparer ni à en différencier l'architecture. Tout comme un autre, je pourrais les qualifier périptères et hexastyles ; je veux être ignorant et ne faire que sentir. La pierre, d'abord, celle dont j'ai vu de loin l'effet dans la verdure, est plus émouvante encore de près, cette pierre pour la teinte de laquelle il faudrait composer un mot où les adjectifs brun, rouge, brique, terre, jaune aussi un peu, se mêleraient en ordre confondu et interchangeable à l'infini. Pas une fois, l'œil n'est heurté par un reflet trop cru, une opposition criarde. Tout chante, non pas à l'unisson, mais en contrepoint impeccable. C'est un canon de Bach, une fugue de Pergolèse ou de Mozart. Et voyez comme elles montent dans un mouvement insensible d'amincissement! Penchées légèrement, elles doivent s'effiler un peu pour conserver solide apparence. Et si énormes qu'elles soient, elles restent fines grâce à ce double mouvement. Mais leur plus belle beauté, c'est encore l'élargissement du chapiteau, ce bourrelet qui s'affaisse et se tend, comme si la colonne, sous le poids des architraves et des métopes, avait fléchi, mais se guindait bientôt pour mieux porter. Lorsqu'on a vu ce chapiteau dorique, tout autre est mesquin. Lui seul a l'aspect que nécessite la charge imposée, muscle saillant, sein cambré, dans une aisance, une sécurité souriantes et pleines de sûreté. Au haut des marches, le portique du temple de la Concorde est si tranquille qu'on n'en aperçoit pas tout d'abord la grandeur. Il est si facilement puissant! Mais tournez autour de la cella, regardez alentour, vallées, mer et rochers. Entre chaque colonne, brûlez vos yeux au ciel bleu. Regardez l'entablement entaillé de triglyphes et ce fronton massif. Alors, les six colonnes, effritées le long de leurs listels, prendront toute leur valeur intrépide. Elles sont énormes, mais légères. Elles sont massives, mais gracieuses. Elles sont charmantes et violentes à la fois. Et elles sont tout cela parce qu'elles sont d'accord entre elles et avec les êtres où elles se meuvent, comme un son de violon qui se marie aux notes ardentes des cuivres et aux notes aiguës des bois.

C'est surtout aux temples de Jupiter, d'Hercule et de Castor et Pollux que j'ai demandé l'harmonie des souvenirs. Ce qu'ils ont évoqué de prospérité, d'art et d'héroïsme, je le dirai tout à l'heure. Devant leurs ruines, je ne veux penser qu'à eux-mêmes, qu'à ce qui les touche directement. Hercule et Jupiter sont à terre. La rage des Carthaginois s'acharna sur eux, — celle des temps modernes aussi. Sous Charles III, Jupiter fut dépecé. Il gît aujourd'hui au fond de la mer, ayant servi aux fondement des môles de Porto-Empedocle. Au xve siècle, un témoin vit encore debout l'architrave que soutenaient trois géants, dont un seul subsiste encore, mais à terre, trois Atlas formidables. Quant à l'Hercule, on ne sait au juste quand il s'écroula. On sait seulement que, au temps de Verrès, la statue d'Hercule régnait sous ses portiques. Cicéron la vit ; il l'affirmait la plus belle qu'il connaissait. Verrès avait voulu l'emporter, comme il avait déjà fait de la statue d'Apollon par Miron. Mais le peuple veillait. Les soldats furent bâtonnés et chassés par les gardiens. Et les Siciliens disaient qu'il fallait ajouter un « travail » à Hercule, pour avoir vaincu Verrès (*verres*: porc) comme il avait vaincu le sanglier d'Érymanthe. Tous deux, l'Hercule et le Jupiter, mordent la poussière, brisés, chapiteaux de champ, colonnes en cinq ou six morceaux, cellas disparues. Seul, au milieu de Jupiter, l'Atlas, reconstitué de ses morceaux brisés, est couché, beau cadavre éloquent. Autrefois, sur la voie Appienne, je vis une pierre tombale au milieu des herbes, un homme nu, couché les jambes écartées, comme un moissonneur harassé. Ainsi me paraît l'Atlas d'Agrigente, héros en sommeil, représentation tumulaire. Les reins cambrés, les bras repliés, il continue à porter la charge divine, colosse auquel le temps a conservé tous ses membres, sans qu'un seul manque à sa terrifiante virilité. Sur la plate-forme où ils sont aujourd'hui répandus, l'Hercule et le Jupiter ont vu évoluer les chœurs de Stésichore, ont entendu résonner les ïambes de Simonide, et ont senti les effleurer les rêves de Pythagore. Les purs accents et les hautes pensées se trouvaient à l'aise, comme ces temples dans cette nature, entre ces colosses, sous ces frontons, et les corps des géants humains pouvaient, sans honte, s'incruster dans les cannelures assez larges pour les contenir. Atlas et Hercule sont bien les dieux de ces héros qui les comprenaient et qu'ils comprenaient.

Dans les jardins de Jupiter, les quatre colonnes restaurées du Castor et Pollux, moins énormes que celles du Jupiter, ont une grâce plus accessible. Au bord d'un gouffre, d'une merveilleuse gorge qui est aux Latomies ce que le Jupiter est au Castor, elles paraissent frêles. Il faudrait ici les Atlas. La nature le sait, et elle s'est parée, pour donner à ce petit temple son accent véritable, de tous ses charmes : arbres feuillus, hautes herbes fleuries. Et partout, alentour, c'est le plateau d'Acragas, avec ses murs encore reconnaissables, ses vallonnements imperceptibles, ses moissons là où la ville grouillait, ses fonds de calcaire blanc atténué de verdures, sa citadelle attentive que Girgenti représente, et sa mer plate, sa mer qui lui déposait chaque jour sur les épaules le baiser maternel, sur les flots de laquelle la Grèce envoyait à son enfant tout ce qui la rendait miraculeuse et qu'elle partageait avec elle.

Avant de remonter vers Girgenti, je suis descendu dans la plaine, par la Porte d'Or, vers la tombe de Théron et les maigres restes du temple d'Esculape. Le premier est apocryphe, les autres ne sont pas certains... Ils ne parlent qu'à l'imagination, à notre culture, si pauvre qu'elle soit. Je me suis arrêté plus longtemps à l'église San Niccolò, située au milieu d'un beau jardin où se voient des restes de palais que l'on voudrait donner à Phalaris, la brute sanguinaire. Ces restes sont devenus chapelle, elle-même ruinée. L'église, elle, s'est conservée, mais non point sous sa forme primitive de temple grec. Elle est normande, superbe d'ailleurs, ayant tout au moins pris aux temples voisins, et peut-être aussi ayant gardé de celui qu'elle remplaçait, les assises fermes, les lignes sévères, et ce « trapu » plein de souplesse dont on n'est pas oppressé, mais au contraire allégé.

Dans Girgenti, enfin, la cathédrale offre un inestimable trésor, le sarcophage de Phèdre, qu'il faut voir si l'on veut posséder une idée complète de ceux qui vivaient sur ces bords siciliens. Est-ce un original grec ou une copie? On en dispute encore, je crois. Même simple copie, il suffit à compléter les temples : voici la sculpture de cette architecture, gracieuse dans la force, puissante dans la grâce. Comme j'aimerais qu'on dût ce sarcophage à Dédale !

Hippolyte à la chasse, le Message d'amour, la Mort d'Hippolyte, sont des tableaux achevés dans la hardiesse et la mesure les plus impeccables. Les gestes essentiels sont fixés sans excès et sans insuffisance. Et ils disent les âmes mêmes. On voit ces beaux corps évoluer sous les portiques des temples, parmi ces Atlas, dont ils sont les délicats et purs enfants. On voit cette Phèdre éplorée, surtout, montant les degrés du Junon Lacinienne pour supplier l'ennemie de Vénus de la sauver de l'amour. Les servantes semblent, elles aussi, subir la fatalité, la volonté irrésistible de la déesse. Elles consolent, résignées pour elle, leur fatale maîtresse. Et l'abandon de Phèdre, ce n'est pas celui d'une femme qui consent, mais celui d'une femme qui ne peut pas ne pas consentir. « Ce n'est pas, dit M. Seraf. Rocco dans sa monographie de Girgenti, la femme qui roule à la luxure, repoussante par son incestueuse passion, qui ne sait pas résister à la force du vice. C'est la faible femme qui comprend toute l'horreur de son amour, mais qui sent la puissance de Vénus l'accabler. Elle est dominée par le fait inexorable, déchirée par le violent amour, plus fort que sa volonté, plus fort que la nature humaine ». Et la servante en vain pince les cordes de la lyre aux oreilles fermées de celle que Vénus a élue afin de proclamer son pouvoir. N'est-ce pas ainsi que l'avait comprise notre Racine? Le génie français tend la main au génie grec, malgré les hommes sauvages, malgré les efforts des siècles acharnés à la ruine de celui-ci. Sur le squelette de Syracuse, je plaque la chair palpitante d'Agrigente, que je revêts des plis raciniens. Et voilà le miracle grec tout entier, en sainte trinité renouvelé.

*
* *

Mais qu'était donc cette Agrigente, pour avoir ainsi compté dans le monde et dans l'histoire idéale?

Avant d'être l'Acragas fortunée dont ces restes sublimes nous disent la magnificence et la grandeur, Agrigente fut-elle une ville sicane, c'est-à-dire habitée par un peuple autochtone qui se serait partagé la Sicile avec les Sicules? Y eut-il même un peuple sicane? Thucydide l'assure, mais c'est *tout*. La légende aussi pourtant; légende qui s'accorde trop bien avec notre désir de voir une radieuse Agrigente en possession de tous les prodiges, pour que nous n'y croyions pas.

Un roi sicane, Cocalus, régnait donc à Agrigente, lorsqu'un jour les dieux le favorisèrent.

Un beau matin d'avril, Cocalus vit tomber au milieu de ses troupeaux un homme muni de grandes ailes. Aujourd'hui encore, malgré Wright, il serait surpris. Combien le dût-il être ! Dédale, fuyant Minos qui, content de son labyrinthe, voulait retenir cet architecte ingénieux, Dédale avait pris la voie des airs. Énée, quittant Troie en flammes, emportait son père sur son dos. Dédale, lui, emmenait son fils. Mais Icare, qui n'avait pas inventé l'appareil volant dont il se servait, le maniait gauchement. Anchise ralentissait les pas d'Énée; Énée restait patient. Dédale le fut moins; il laissa Icare faire le plongeon et fila. Les pâturages de Cocalus le reçurent. Et Dédale se mit aussitôt au travail. Il bâtit pour son hôte une cité inexpugnable contre laquelle se heurta bientôt Minos, accouru sur ses vaisseaux pour reconquérir son architecte. Minos demanda à négocier. Cocalus y consentit; comme on ne s'entendait pas, Cocalus eut recours à un excellent argument : il fit prendre à Minos un bain dans lequel il le poignarda. Les Crétois hurlèrent à la vengeance. Cinq années durant ils assiégèrent Agrigente. Ne pouvant arriver à la prendre, ils songèrent que Cocalus leur avait peut-être, et après tout, rendu service en les débarrassant d'un prince assez fou pour mettre deux peuples aux prises à cause d'un architecte, et ils rentrèrent chez eux.

D'après Thucydide, cette histoire ne serait qu'une fable indigne d'être crue. Elle est belle pourtant ! Et Thucydide, qui se pique, non de poésie, mais d'exactitude, veut qu'Agrigente ait été fondée par deux citoyens de Gela, colonie voisine de Doriens, en 583 avant Jésus-Christ, c'est-à-dire cent cinquante-quatre ans après la fondation de Syracuse. Mais tant d'autres témoignages viennent s'opposer à celui de Thucydide ! L'un de ceux-ci affirme que le fondateur de la cité était un certain Acragas, fils de Jupiter et de la nymphe Astérope. Des savants même, et il faut leur être reconnaissant de nous laisser croire encore à de si belles choses, affirment que Acragas était le pays de peuplades à l'existence desquelles nous n'osions plus penser : les Lotophages. Puis viennent les temps, toujours aussi beaux, de Phalaris, qui brûlait ses ennemis dans un taureau d'airain, « et dont les jeunes gens assis au foyer ne mêlent jamais le nom aux accents de la lyre ». Et, après une période que notre ignorance de ses phases nous permet de qualifier d'obscure anarchie, apparut enfin le héros de Pindare, le vainqueur d'Himère, l'immortel et certainement réel celui-là, Théron, du sang de Cadmus, si nous en croyons le poète.

Il serait plus facile, dit Pindare, de dénombrer les grains de sable de la mer que les bienfaits de Théron. Théron était donc généreux. Mais Agrigente était si belle ! « La plus belle des villes mortelles, séjour chéri de Proserpine, — voilà pourquoi je n'ai plus trouvé celle-ci à Enna ! — riche en troupeaux et en palais ». Les prix que ses citoyens remportaient aux jeux olympiques ne se comptaient plus. Et Agrigente en était si fière qu'elle envoya au-devant d'Egenète, retour d'Olympie, trois cents chars attelés de chevaux blancs. Alors Antisthène, riche citoyen, armait huit cents chars pour escorter sa fille, le jour de ses noces. Zeuxis faisait le « portrait » d'Hélène d'après des croquis pris sur les cinq plus belles filles d'Agrigente. Polybe décrit celle-ci ornée de portiques, de fontaines et de nombreux Hermès, dressant au soleil ses temples majestueux avec leurs colonnes cannelées recouvertes de stuc, leurs entablements rouges, verts, jaunes, noirs, et de toutes les couleurs propres à en adoucir l'éclat. Un grand lac s'étendait au milieu de la ville. Des souterrains conduisaient dans la campagne. Un mur de dix kilomètres de long séparait la cité des oliviers, des amandiers et des grenadiers, cependant qu'à l'embouchure de l'Ipsas un port s'ouvrait aux grains, à l'huile et aux vins que l'on envoyait en Asie et en Afrique d'où l'on tirait l'or, l'argent, l'ivoire, la laine de Carthage, la pourpre de Tyr et de Sidon, les parfums et les bois précieux de l'Inde et de l'Éthiopie. Dans les demeures, tout était au luxe et au plaisir. Lorsque mourait un cheval qui avait remporté le prix de la course, on lui élevait un monument somptueux. On en élevait même aux oiseaux élevés dans les volières par les jeunes filles et les jeunes garçons. Dès l'enfance, dit Diodore, on était vêtu d'étoffes molles brodées d'or, et on se servait dans les bains de brosses et de flacons montés en or et en argent. Gellias, le plus riche, il est vrai, des Agrigentins, avait des appartements toujours prêts à recevoir les étrangers de passage, que ses domestiques arrêtaient dans la rue et invitaient en son nom. Il logea un jour cinq cents cavaliers venus de Gela, et les vêtit. Dans sa cave, trois cents tonneaux taillés dans un même roc, et contenant cent amphores chacun, s'alignaient. Un autre citoyen, aux noces de sa fille, servit à dîner à tous les citoyens — et chez eux ! Puis, sur les autels de tous les temples et sur ceux entassés dans les rues, des bûchers s'embrasèrent tous à la fois. Et l'on défendait, pendant le siège, aux soldats des remparts, d'apporter, pour leur garde, plus d'un tapis, d'un matelas, d'un oreiller et d'une couverture.

Les Carthaginois ne furent pas longs à prendre une ville aussi voluptueuse. Himère, où Théron s'était montré si brave et ses Agrigentins si intrépides, fut vengée. Malgré l'aide des alliés, Agrigente succomba. La valeur des Syracusains qui, sous les murs mêmes d'Agrigente, avaient battu l'armée carthaginoise, ne la sauva pas. Agrigente n'eut pas la force de profiter de ce dernier succès. Au lieu de voler au combat, elle resta derrière ses murs, assise sur son or. Les Carthaginois eurent vite fait d'acheter des traîtres qui décidèrent les troupes à quitter la ville. Le peuple suivit, et ce fut, le long des routes, l'exode d'une cité sans vertu. Hamilcar franchit les portes sans obstacle ; la ville fut livrée aux soldats. Un Agrigentin, du moins, préféra la mort à la honte. Ce fut Gellias, le plus riche de tous, digne enfin de ses richesses. Réfugié dans le temple de Minerve, il y mit le feu et s'ensevelit dans les flammes.

Agrigente ne se releva plus. Elle était tombée si bas que, pendant les guerres puniques, elle fut la fidèle alliée de Carthage. Elle reniait jusqu'aux temps d'Empédocle.

La belle et mystérieuse figure d'Empédocle

domine encore aujourd'hui la petite cité. Il naquit au temps de Théron. De riche famille, il s'initia aux arts et aux sciences. Il visita la Grèce et l'Égypte, d'où il revint dans sa patrie, enrichi de savoir. « Empédocle, dit Ernest Renan, ne le cède à aucun de ces génies extraordinaires de la philosophie grecque anté-socratique, qui furent les vrais fondateurs de la science et de l'explication mécanique de l'univers. Les fragments authentiques que nous avons de lui, nous le montrent soulevant tous les problèmes, approchant souvent des solutions que l'on devait trouver deux mille deux cents ans plus tard, côtoyant Newton, Darwin, Hegel. Il fit des expériences sur la clepsydre, reconnut la pesanteur de l'air, eut l'idée de l'atome chimique, de la chaleur latente, soupçonna la fécondité de l'idée d'attraction, entrevit le perfectionnement successif des types d'animaux et le rôle du soleil. En biologie, il ne fut pas moins sagace ; il proclama le grand principe : *Omnia ex ovo,* l'appliqua à la botanique, eut quelques notions du sexe des plantes, vit très bien que le mouvement de l'univers n'est qu'un réemploi d'éléments désagrégés, que rien ne se crée ni ne se perd. Il conçut même la chimie des corps organisés, et se passa des dieux dans ses hypothèses. Lucrèce lui doit autant qu'Épicure. Par d'autres côtés, ce Newton paraît doublé d'un Cagliostro; il ne marchait dans les rues d'Agrigente que grave et mélancolique, avec des sandales de bronze, une couronne d'or sur la tête, au milieu de jeunes gens qui l'acclamaient. Il se défendait faiblement quand on lui prêtait des miracles, même des résurrections, et qu'on l'adorait comme un dieu ».

Il fut aussi un grand citoyen. Il refusa la tyrannie qu'on lui offrait. Il se contentait de guérir les malades, d'assainir la ville — et de chanter. Ses vers et sa voix étaient si beaux qu'un jour, poursuivi par un jeune homme dont il avait fait condamner le père à mort, il arrêta le bras vengeur en saisissant sa lyre et en se mettant à déclamer des vers d'Homère. Chanta-t-il, et que chanta-t-il le jour où les Carthaginois entrèrent dans la ville? Comme on aimerait à le voir auprès de Gellias, s'ensevelissant sous les ruines, en déclamant la fin de Troie! Et peut-être que la légende qui le fait périr dans les feux de l'Etna n'a pas d'autre fondement qu'une confusion avec cette mort glorieuse, digne du grand philosophe, autant que du grand citoyen qui refusa un trône.

VIII

L'HEUREUSE TRINITÉ.

Palerme.

Si ma méthode n'est pas de me livrer innocemment aux choses, leur demandant exclusivement l'émotion toute nue que l'apparence stricte est, seule, susceptible de susciter, je ne me hâte pas de condamner ceux qui, esprits réalistes ou sceptiques, se fient exclusivement à leurs yeux, jamais à leur mémoire, encore moins à leur imagination. A Taormina et à Agrigente, par exemple, on peut facilement triompher de moi. A Syracuse, au contraire, je crois que je l'emporterais, à Palerme encore davantage.

Il est des cités en effet dont les hauts faits, ensevelis avec elles, couronnent inséparablement les cendres et on ne peut, sous peine de fausser sa vision, disperser celles-ci dans le vent du dédain. La connaissance du passé est alors nécessaire, non pas pour faire revivre ce qui les a rendues grandes, ni même pour jouir de leurs restes, mais simplement pour que ces restes vous soient accessibles. On peut, grâce à l'état de conservation des débris, en tirer de l'émotion ; ils vous échapperont pourtant si vous en ignorez l'histoire. Et cela parce que cette histoire est intimement liée à leur état, parce que leur état dépend rigoureusement de leur histoire. Elles ne se rattachent à rien de classé, de connu, de constaté dans le monde. On peut être ébloui, frappé, comme par un rayon de soleil, mais de ce soleil qui, on le sait, vous aveugle, au lieu de vous éclairer ; lorsqu'il tombe droit dans les yeux, on ne peut pas voir. Leur art personnel est resté confiné dans leurs murs, fils d'une civilisation concentrée chez elles, et qui ne se répandit jamais alentour. Ne pas connaître cette civilisation, c'est ne pas connaître ces villes, c'est ne pas connaître les œuvres qui sont nées d'elles, pour périr avec elles.

A Palerme plus qu'ailleurs, l'art est fils de la société même — et il ne lui a pas survécu. Il est impossible de séparer l'un de l'autre, de regarder l'un sans connaître l'autre. Lorsqu'on aura constaté que les églises se présentent sous trois aspects, roman, arabe et byzantin, comment s'y retrouverait-on si on ne sait rien de l'invasion normande en la terre conquise par les Sarrasins sur l'empereur d'Orient, héritier des empereurs romains? Ici, pour la première fois, l'histoire ne jaillit pas des ruines ou des monuments intacts, mais les précède et les annonce. Il ne faut plus chercher dans les œuvres l'évocation des êtres, mais demander aux hommes de nous guider dans la visite des monuments. Il faut, si l'on veut entrer, faire connaissance avec l'architecte qui, seul, est susceptible de nous conduire. Ses amis, Sismondi, Zeller, F. Lenormant, Ernest Renan, René Bazin, Ferdinand Chalandon, Jules Gay, Emile Bertaux, Charles Diehl, Georges Yver, Join-Lambert, d'autres encore, m'ont donné pour lui des lettres de recommandation, où ils me le présentaient bien plus qu'ils ne m'introduisaient. J'ai fait sa connaissance, et, puisqu'il me raconta une belle histoire, je ferai comme lui : je vous réciterai un poème épique avant de vous prendre par la main.

*
* *

Palerme n'eut à peu près aucune part à la prospérité antique de la Sicile. Comptoir phénicien, elle tomba rapidement, et dès les premiers temps, sous la coupe de Carthage. Lorsque la Sicile devient romaine, Palerme le devient avec elle. Puis l'empire romain se déplace, passe en Orient. L'Italie est envahie par les Barbares; la Sicile reçoit les Goths. Bélisaire la conquiert et elle devient grecque, le redevient plutôt. Elle adopte la civilisation gréco-byzantine, comme elle avait adopté la civilisation antique. Elle s'hellénise sans peine, on le comprend. Elle est même « le boulevard de la monarchie en Occident ». Lorsque l'Italie tombe au pouvoir des empereurs allemands, elle seule conserve la culture grecque, pensée, sentiments et langue, aux rives tyrrhéniennes. Palerme joue un rôle effacé dans ces événements; elle n'en subit pas moins les conséquences. Et c'est une ville grecque, tout de même, que trouvent les Arabes, au IXe siècle. Voilà le premier point à marquer.

Les Arabes font de Palerme leur capitale. En une cinquantaine d'années, elle centuple de population, et, lorsque, en 972, l'écrivain musulman Ibn-Haukal la visite, il trouve une cité riche de trois cents mosquées, pourvue d'un port magnifique où aboutissait le commerce de l'île avec l'Espagne, l'Afrique et l'Italie, pleine de palais et de jardins somptueux. Sur la Sicile grecque, ou plutôt à côté d'elle, avait poussé une Sicile arabe. — Et c'est le second point.

Le troisième fut mis juste cent ans plus tard par les Normands, arrivés en Sicile en 1061, lors de la prise de Palerme, le 10 janvier 1072. Dans la cathédrale, transformée en mosquée par les Arabes, c'est un archevêque grec qui reçoit le Normand Roger. — Telles sont les trois assises de l'art sicilien posées sur le sol, côte à côte. Il n'y a plus qu'à bâtir.

Les débuts des Normands appartiennent aux Pouilles et à la Calabre. Robert Guiscard était débarqué en Italie en 1047, sept ans après ses frères aînés. En 1058, le rejoint le dernier de ses frères, Roger, qui laissait en Normandie sa fiancée Judith, fille de Guillaume d'Évreux, petit-fils du duc Richard. Roger venait résolu à conquérir un domaine pour mériter Judith, le beau mariage. Son chroniqueur Malaterra dit de lui :

« C'était un beau jeune homme, de haute stature, de formes élégantes. Très éloquent, d'un conseil sûr, d'une prévoyance extrême, il se montrait gai et affable. Il était doué d'une grande force et d'une bravoure à toute épreuve. Fort désireux de se former un parti, et impatient de conquérir de la gloire comme on l'est à son âge, il donnait avec la plus grande largesse tout ce qu'il possédait à ceux qui consentaient à s'attacher à sa fortune ».

Robert Guiscard n'est pas long à s'apercevoir que, de tous ses frères, celui-ci, adroit, si ce n'est rusé comme lui, si ce n'est plus aimable que lui, peut le gêner dans son ambition. Il va s'en débarrasser avec subtilité. Roger a montré sa valeur au cours de la conquête, faite en commun, de la Calabre, au cours de laquelle les deux frères n'ont pas toujours été d'accord pour le partage des profits. Et Robert dit à Roger: « Pourquoi ne passes-tu pas en Sicile? Nous sommes à Reggio; ce n'est qu'un saut. Le pape nous y invite. Il nous offre même l'investiture de la Sicile, quand nous l'aurons conquise ». Robert dut penser que le pape ne pouvait offrir l'investiture d'un pays dont il ne se jugeait pas souverain, puisqu'il reconnaissait lui-même que ce pays appartenait aux Arabes. Mais il lui était trop profitable de penser que tout ce qui n'était pas catholique appartenait au pape, donc de justifier pieusement sa conquête. L'occasion est belle, d'autre part, pour Roger, de se tailler un royaume où Robert ne lui cherchera pas querelle. Et, par un hasard que l'on peut vraiment qualifier de providentiel, tel qu'il ne s'en trouve même que dans les récits des apologistes, voici que Messine supplie les Normands de la délivrer des Sarrasins. On ouvrait la porte. Roger la passe — et il appelle aussitôt sa fiancée qu'il épouse à Mileto, sa résidence calabraise. Mais voilà que Robert prétend que la Sicile est à lui, que Roger l'a conquise pour la famille dont il est, lui Guiscard, le chef. Pendant que les frères se querellent, les Arabes regagnent le terrain perdu et, lorsque Roger, en 1062, reparaît en Sicile, tout est à recommencer. Il recommence, aidé de sa femme Judith, qui se montre digne de son sang normand. Ils avancent peu à peu dans un pays bien défendu par ses maîtres, et arrivent à Palerme — qui les repousse. Roger n'insiste pas, pour le moment. Il retourne auprès de Robert, l'aide à quelques conquêtes pour s'entretenir la main, et revient en 1071. Quelques mois après, Palerme tombe, et Robert nomme son frère grand comte de Sicile, mais sous sa suzeraineté, à lui duc des Pouilles : il lui abandonne seulement, avec générosité, pour domaine particulier, tout ce qui n'est pas encore conquis.

Il faudra dix-huit ans à Roger pour se rendre maître de toute la Sicile. Trapani tombe en 1077, Taormina en 1080, Syracuse en 1088, Girgenti en 1089, Butera en 1090 et enfin

Noto en 1091. Robert est mort depuis cinq ans déjà. L'idée de Roger reste la même. Il entend avoir son royaume à soi tout seul, c'est-à-dire diviser la conquête normande en deux parties, Abruzzes, Pouilles, Campanie d'un côté, Calabre et Sicile de l'autre, le sien. Aussi favorise-t-il son neveu Roger aux dépens du frère aîné de celui-ci, Bohémond, parce que Roger était fils de Sichelgaïta, princesse lombarde de Salerne. Et dès 1093, tout en conservant son titre de grand-comte, il proclame son fils, Simon, duc de Calabre et de Sicile.

Judith était morte en 1080. D'une seconde femme, Eremburge, Roger n'a que des bâtards, incapables d'ailleurs. Et c'est d'une troisième, Adélaïde, fille d'un marquis du Nord, ennemi des Savoie, qu'il a eu Simon, puis, deux ans après, Roger. Il meurt à Mileto en 1101. Simon lui succède sous la tutelle de sa mère, qui, respectueuse de la volonté de son mari, transporte la capitale du duché à Messine. Simon y meurt en 1105. Son frère, Roger II, lui succède ; en 1112, il prend le gouvernement en mains et fixe sa capitale à Palerme.

Roger II, comte de Calabre et de Sicile, prospérait bientôt sur le domaine conquis par son père. Il prospérait tant qu'il renversa les termes du problème posé par Guiscard. Celui-ci voulait annexer la Sicile au duché des Pouilles. Roger II rêvait, lui, d'adjoindre les Pouilles au comté de Sicile. Il y réussit. Son cousin Guillaume, petit-fils de Guiscard, avait laissé la duché en déshérence. Pouvait-on voir s'émietter un si beau domaine? Roger débarqua à Salerne et s'empara de tout le pays normand, sauf de Bénévent qu'il donna au pape, pour se le concilier. Deux ans après la mort de sa mère, Roger II de Sicile était couronné roi des Deux-Siciles, à Palerme.

Rome et Byzance en demeurent stupéfaites; Rome à cause des Pouilles, Byzance à cause de la Sicile. Roger devient dangereux. Byzance crie bien fort que la Sicile est grecque, donc sa propriété. Et Rome réclame la terre italienne qu'elle a donnée, quand elle ne lui appartenait pas, donc pour la conquérir à son profit et non pour qu'on la gardât.

Roger II et son fils Guillaume Ier se débattent au milieu de toutes ces intrigues, jalousies et convoitises. Et, en 1189, le dernier Normand, Guillaume II, meurt sans enfants. A qui l'héritage?

A moi, répond l'empereur d'Allemagne, Henri VI. Il a épousé, en effet, une fille du roi Roger II, Constance. La Sicile ne veut pas de ce Germain. Elle acclame Tancrède, fils d'un bâtard de Roger II. Le fils de Barberousse descend des Alpes, se fait battre, rentre dans ses États, puis revient au moment, heureux pour lui, où Tancrède meurt à Palerme. Il traverse la Calabre sans combat et arrive à Palerme où la veuve de Tancrède lui cède la couronne royale, que le fils de Barberousse pose sur son front, le 25 décembre 1196. Pendant ce temps, Constance, sa femme, avait mis au monde, à Yesi, un fils qui sera Frédéric II.

Le régime institué par Henri VI en Sicile fut celui de la terreur. Les affaires d'Allemagne obligent le roi à de longues absences. Il laisse Constance comme régente. Mais il n'a pas confiance, si peu confiance que, sur des bruits de complot où la régente était mêlée avec un certain Jordano, il accourt en Sicile et saccage tout. Les Siciliens sont jetés à la mer, sciés en deux, brûlés au bitume, tués à coups de flèches, enterrés jusqu'au cou et décapités à ras de terre. Jordano est pris et, devant Constance même, couronné d'un cercle de fer rougi au feu. Ces exploits furent arrêtés brusquement par une fièvre opportune que Henri prit à Messine, et dont il mourut en quelques jours, le 28 septembre 1197. Frédéric II, son fils, était âgé de trois ans.

Arrêtons-nous ici. La belle histoire normande est terminée. Il y a longtemps que Palerme a poussé toutes ses fleurs artistiques, celles du moins qui nous sollicitent en ce moment. Nous avons vu d'abord comment les Normands avaient conquis la Sicile. Voyons aussi comment la Sicile conquit les Normands, c'est-à-dire ce que les Normands devinrent socialement, donc artistiquement, dans la Sicile antique, gréco-byzantine et arabe, ce que firent ces hommes du Nord sur cette terre orientale.

*
* *

Lorsque Roger prend Palerme, il est depuis longtemps déjà familier avec la coutume byzantine. Les Pouilles et la Calabre, en effet, qu'il vient de conquérir, sont pleines de Grecs; c'est sur ceux-ci, autant que sur les Lombards, qu'il les a conquises. Sa cour de Mileto est moitié normande, moitié byzantine. Il fonde des monastères grecs autant que de latins, des basiliens à côté des cisterciens. Et lorsqu'il soumet, plus tard, les Grecs de Sicile à l'Église latine, il a soin de leur laisser leurs rites. Le *Filioque* reste supprimé dans les prières, et l'autorité religieuse de Roger protège les Grecs. A Mileto, d'ailleurs, on était très cosmopolite. On y parlait le français, l'italien, le grec et l'arabe. Les différentes races que ces langues différencient portaient leurs costumes particuliers, et leurs armes. Toutefois, dans les cérémonies, c'était le rite grec qui dominait. Toujours le vieux rêve, qui a perdu Rome pourtant et tant coûté à Robert Guiscard, le vieux rêve de la conquête de l'Orient, son prestige et son mirage !

Bref, Roger a trouvé en Pouilles et en Calabre une civilisation grecque que son intérêt lui défend de brutaliser. En Sicile, il la trouve aussi et, à côté d'elle, une autre civilisation aussi prestigieuse et puissante, la civilisation arabe. « Sous la main des Arabes, dit Émile Gebhart, avec ses dix-huit villes et ses trois cent vingt châteaux forts, ses mines d'or, d'argent, de cuivre et de soufre, ses moissons et ses eaux vives, ses plantations de coton, de canne à sucre, de palmiers et d'orangers, ses fleurs éclatantes, ses haras de chevaux aux formes fines, ses manufactures d'étoffes de soie, ses palais et ses mosquées, la vieille île d'Empédocle s'épanouit comme un jardin oriental ». Palerme, lorsque Roger y entra, comptait plus de trois cents mosquées, c'est-à-dire était, en fait, musulmane, par ses arts, ses mœurs et sa religion. Que les yeux de Roger, déjà familiers avec l'art byzantin, aient été émerveillés par l'art plus brillant encore des Arabes, que ce « gars normand » ait trouvé du charme aux faciles mœurs arabes, et que, enfin, ce très fin politique, élevé à l'école de Guiscard, se soit montré pour la religion musulmane aussi tolérant qu'il l'avait été pour la religion grecque, cela se conçoit aisément. Peu de temps après son arrivée, trente mille musulmans figurent dans son armée et ce sont eux qui, même exilés à Lucera, resteront les derniers fidèles de Frédéric et de Manfred. Roger suit envers les musulmans exactement la politique qu'il a suivie envers les Grecs de Calabre. Chacun a le libre exercice de son culte, ses magistrats et ses franchises. Les chefs de l'armée, les administrateurs, les magistrats sont aussi bien latins qu'arabes ou grecs. La langue latine, la grecque et l'arabe sont officielles toutes trois. On compte par l'Hégire ou par la naissance du Christ, au choix. Et, sous Guillaume, Ibn-Djobaïr écrit : « Le roi a une grande confiance dans les musulmans et se repose sur eux de ses affaires, même les plus délicates, au point que l'inspecteur de sa cuisine est un musulman, et qu'il entretient une compagnie de nègres musulmans sous un commandant musulman. Il imite les rois musulmans dans le système de ses lois, dans la marche de son gouvernement, dans la classification de ses sujets, dans la magnificence qui relève la royauté et dans le luxe des ornements ».

Quant aux mœurs, chacun vit à sa guise, Roger à l'orientale, en un mélange de Byzance et de Damas, de basileus et de khalife. Ses pages et ses chambellans sont arabes. Des eunuques gardent son harem, qu'il déguise, pour les Grecs et les Latins, en fabrique de soieries et de broderies. Et toutes les femmes de Palerme de s'habiller comme les ouvrières de la « fabrique » installée au palais royal, « de robes en soie couleur d'or, enveloppées de manteaux, couvertes de voiles, chaussées de brodequins dorés, surchargées de colliers, de fards et d'odeurs ». La séduction orientale n'avait pas été longue à opérer, et, lorsque les Normands commenceront à bâtir, ils ne renonceront pas, sans doute, à leur conception septentrionale, mais, partout où celle-ci pourra s'entendre avec leur goût nouveau du décor byzantin et des particularités arabes, ils se hâteront d'opérer la fusion. Que dit, en effet, M. Émile Bertaux, de ce qui me paraît le chef-d'œuvre de cet art étrange et magnifique, la cathédrale de Monreale : « Le merveilleux édifice que la civilisation cosmopolite de la cour de Palerme, servie par la science d'une foule d'ouvriers de toutes races, a pu réaliser, est fait de matériaux artistiques empruntés à la tradition latine d'Italie, à l'Orient byzantin et à l'Orient musulman : la force normande n'a donné que le ciment ». Elle a donné aussi les deux tours, et, à Cefalù, elle a donné beaucoup plus encore. Et M. Charles Diehl ajoute : « Par une singulière fortune, nul grand souvenir antique, nul monument moderne ne vient obscurcir l'éclat de cette glorieuse époque ; nulle splendeur rivale ne détourne l'admiration de ces incomparables ouvrages de l'art siculo-normand, véritables bijoux qui ne ressemblent à rien de ce que l'on voit ailleurs. Pendant près d'un siècle, en effet, le seul qui marque dans son histoire, Palerme a offert au monde un unique et merveilleux spectacle ; sous l'influence d'une dynastie étrangère, celle des princes normands, qui furent vraiment la maison nationale de Sicile, elle a produit une civilisation raffinée, un art original et charmant, qui fut, à sa date, le premier du monde, art séduisant entre tous, qui a su combiner et fondre trois éléments qui semblaient inconciliables, et, du monde byzantin, du monde arabe, du monde latin, juxtaposés par les hasards de la conquête, tirer le plus extraordinaire et le plus attirant mélange qui fut jamais. Des églises romanes traitées à l'arabe et à la byzantine, des basiliques latines s'achevant par des coupoles byzantines, des chapelles bâties sur des plans de mosquées, avec un plafond décoré de pendentifs en forme de stalactites et orné d'inscriptions coufiques ; Sainte-Sophie et la mosquée d'Omar s'associant à Saint Étienne de Caen : voilà la combinaison sans exemple que la Sicile a rêvée au XIIe siècle, rêvée et réalisée ».

Nous pouvons entrer. Nous connaissons maintenant notre hôte, sa naissance, son éducation, ses idées et ses goûts. Il n'y a plus qu'à le considérer « dans ses exercices » et à préciser, s'il y a lieu, quelques traits du personnage.

***

Entre le mont Pellegrino et le mont Catalfano, la rade de Palerme arrondit sa plage, beau golfe verdoyant, couronné de toutes parts, jusqu'en son fond éloigné où trône Monreale, de montagnes solennelles. Tout de suite, Naples revient à l'esprit, et, si l'on compare,

Naples triomphe facilement. Voici bien, à droite, le port que ferme le Vésuve ; à gauche, la *Marina* qui se heurte au Pausilippe. Mais il n'y a pas, d'abord, de Pizzofalcone avec son Œuf ; il n'y a rien surtout de cette amplitude majestueuse, de ces lignes sublimes du golfe napolitain qui évoquent quelque génial architecte nourri des plus pures acropoles. Palerme paraît petite, la seconde ville, vraiment, des Deux-Siciles. Elle a l'air de jouer à la seconde capitale du royaume, sans jamais prétendre à égaler la première, unique au monde, dit-on. Puisqu'il n'est qu'une Naples, n'en cherchons pas une autre. Contentons-nous de cette Palerme, si gracieuse, avenante, facile à aborder. Et si Naples, au surplus, a sa Campanie, Palerme possède, plus près d'elle, et plus luxuriante encore, sa Conque d'Or, cette immense vallée qu'elle ferme sur le bord marin. Par ses jardins, ses entours, sa joie de vivre répandue, son air si clair, son soleil périlleux qui force les Palermitains à s'affubler de lunettes noires dès avril, Palerme surpasse la ville de Parthénope de cent coudées. Naples est grandiose, Palerme est belle. Elle l'est avec aisance et charme, souriante, accessible, prenante et voluptueuse. Elle se pare de la ceinture de ses monts, jouant avec eux comme avec une écharpe. Elle pose dans ses cheveux, autour de son cou, des fleurs embaumées qu'elle laisse tomber en guirlandes sur sa tunique, et qui s'effeuillent sous ses pieds.

Comme toute ville prospère, Palerme a deux aspects. Deux quartiers généraux : celui que l'on habite, mais que l'on se hâte de mépriser ; celui que l'on se contente de traverser, mais que l'on trouve seul aimable. Le premier s'étend derrière le nouveau port, au pied du Pellegrino : il a pour centre la via della Libertà, et il se prolonge le long de la mer, autour de la villa Belmonte. Le second s'étend derrière la Cala et derrière la Marina ; il a pour centre les deux grandes voies commerçantes, la via Maqueda et le corso Vittorio Emanuele, qui se coupent à angle droit. Les rues qui s'embranchent sur ces deux grandes voies, ou virevoltent dans leur orbite, sont encore plus pittoresques, au sens le plus complaisant de ce mot, que les rues dont la rue de Tolède et les nouvelles voies de Naples sont les aboutissants. Le même peuple lâché les habite, s'y rafraîchit loin du soleil ; leur étroitesse, qu'une marmaille et les mères augmentent encore davantage de leurs guenilles sordides partout étalées, n'a rien à envier aux rues dei Tribunali et de San Biaggio. Les entours du musée, de San Francesco, de San Domenico fourmillent d'une foule ignorante, à peu près nue — et de quelle nudité! C'est la vieille ville italienne, d'existence plus facile encore, plus généreuse que sur le continent. Elle fournit abondamment à tous les goûts de couleur, de mœurs imprévues, de costumes, de vie innocente et lâchée, victuailles au milieu de la chaussée et croulant dans le ruisseau, légumes et poissons, fruits et pâtes poussiéreuses mêlés, se chevauchant sur le trottoir comme dans l'estomac. Les pas doivent être précautionneux et les yeux attentifs. Leur nez, d'ailleurs, avertit les myopes. Longues, étroites, mais du moins nettes, étincelantes même, très modernes enfin, le Corso et Maqueda offrent à respirer un air sans parfums, à regarder des maisons sans loques et dont on ne voit pas l'égout — si on le sent toujours.

Le quartier neuf n'a pas de couleur, comme on dit. Mais, en revanche, il sent bon. Ce n'est que villas sur larges boulevards, hôtels somptueux au milieu de jardins magnifiques, pleins des verdures les moins familières, arbres exotiques, plantes aux gestes désordonnés, brandissant des fleurs avec une sorte d'allégresse, d'exaspération frénétique. Je verrai, l'un de ces jours, les jardins publics de Palerme, célèbres parmi tous les jardins. Je n'en vois aujourd'hui que la monnaie, c'est-à-dire les jardins privés. Et, tout de suite, le caractère luxuriant de Palerme apparaît. Le climat de Palerme, plus que tout autre, la rend enchantée. Tout y devient doux, léger, facile, tiède et éclatant. Qu'il ferait bon vivre là ! La Marina, la via della Liberta et ses dépendances débordent de cette attirance. On songe tout de suite à la bonne maladie qui nous guette toujours, et qui nous permettra de suggérer à notre médecin de nous envoyer « passer l'hiver dans le Midi ». Et déjà notre phrase est toute prête : Si j'allais à Palerme ? Planter sa tente, sinon ses choux, au milieu de cette exubérance, sous ce soleil aveuglant que la brise de la mer adoucit, parmi ce peuple flâneur, à regarder passer les petits omnibus trottinant, les tramways électriques trottant, pas plus, les voitures au pas et les gens plantés ! A chaque grille, on s'arrête pour contempler le massif débordant, l'arbuste échevelé, l'arbre pliant de rameaux, tous ensemble lançant des effluves sous lesquels on ferme les yeux en ouvrant les narines, tous ensemble mêlant leurs teintes, sans souci des « valeurs », palette de peintre toqué, mais enivrante et fascinante. Palerme, c'est Taormina grande ville, la même floraison avec tous les agréments du bien-être habituel et, tout de même, dans la ligne générale de la mer, plus de plaisance.

Lorsque les Normands la prirent, la Palerme du vieux quartier existait seulement, sous un aspect tout autre d'ailleurs, la mer remontant, par deux bras, loin dans les terres; la ville proprement dite occupait une sorte de presqu'île qui se terminait, au fond, à la hauteur de la piazza Vittoria actuelle, devant le palais. En revanche, cette Palerme laissait plus de place à sa Conque d'Or, à ses champs fertiles où couraient plus de ruisseaux, où poussaient plus d'orangers, d'oliviers, d'amandiers, de grenadiers, de cactus, de cotonniers, de cannes à sucre, de palmiers, de néfliers, de mûriers, de prairies où paissaient d'innombrables troupeaux. Les Normands retrouvaient, en quelque sorte, leur verdoyante Normandie, avec ses pâturages et ses arbres courts en verger, d'une autre essence, mais de même aspect général, leur Normandie magnifiée, toujours sereine, plus serrée, plus abondante, plus généreuse, le paradis enfin que leurs rêves d'enfants s'imaginaient semblable à leur patrie, arrangée et soignée spécialement par le bon Dieu. Et lorsqu'ils parcoururent la ville, ce fut le Souk qu'ils trouvèrent, avec ses tissus d'or et d'argent, ses soies multicolores, ses bijoux étincelants, ses cuirs dorés, ses bois et ses métaux ouvragés, les formes imprévues des vêtements et des objets, turbans et larges manches, jupes et ceintures, babouches et voiles; avant tous les autres, ils jouissaient des merveilles que les Croisades révéleront bientôt aux innocents occidentaux. Ils furent éblouis, conquis, et, sur le kasr arabe, Roger se hâta de construire son palais, remanié vingt fois depuis, vers lequel il faut nous diriger enfin.

Une longue façade, du plus pur XVIIe siècle, s'étend derrière une terrasse basse qui domine la piazza Vittoria, occupée par un square, et, sur son côté, par un monument moderne de Philippe V. C'est le palais des rois ou des vice-rois de Naples. Mais, au milieu de cette façade, une grande bâtisse carrée, bizarre, imprévue, attire le regard, l'absorbe bientôt, au point qu'on oublie tout ce qui n'est pas elle. Si l'on regarde son autre face, cette tour se présente, d'ailleurs, beaucoup plus considérable, étant à peu près seule à paraître au milieu des terrasses, hautes cette fois, qui portent le jardin du palais. La conception normande, romane, n'avait évidemment pas à intervenir ici, où la religion n'avait rien à faire, et où, de plus, Roger trouvait un château, arabe, une forteresse musulmane. S'il ne conserva rien de celle-ci, ce qui est encore douteux, Roger rebâtit du moins dans le même style et sur les mêmes assises. Sur un soubassement plat, trois étages d'arcades à fenêtres lancéolées, et, pour la plupart, aveugles : leur profil d'obus, — avant les obus ! — sec, sans ornement aucun, nous donne encore l'impression voulue, sinon délibérée, par le constructeur de cette citadelle. Le plan, en tout cas, est net. Une masse simple, de lignes franches et nues, et qui réserve, comme toute maison orientale, le luxe pour l'intérieur, là où l'on se tient, dans les cours, loin du soleil.

Par quel miracle ce château fort est-il resté intact, alors qu'on détruisait ses ailes pour rebâtir au goût du jour ! Par le miracle, évidemment, de la chapelle palatine, qui préserva la tour centrale où elle était comprise. Pour y parvenir, il faut passer par la cour du nouveau palais, cour carrée, entourée de trois étages de loggias aux arcades élégantes, belles même, de cette beauté hardie que j'ai vue si parfaite au château d'Urbin, entre autres, et qu'elle me rappelle. C'est aussi la beauté de la cour du palais Farnèse, à Rome, mais ici plus dégagée, plus claire, plus légère, peut-être moins solennelle, mais plus plaisante. Le palais, les salles d'apparat et autres, gravitent alentour. « A l'intérieur, dit Hugues Falcand, qui le visita au temps des Normands, le palais étincelle magnifiquement de pierreries et d'or d'une incomparable richesse... Tout à l'entour (de l'appartement royal) se trouvent les habitations diverses pour les femmes, les jeunes filles — ce visiteur est pudique — et les eunuques qui entourent le roi et la reine ». L'écrivain arabe Ibn-Djobaïr est plus enthousiaste encore : « Conduits en présence du mosthalif, nous traversions des esplanades, des portes et des cours appartenant au roi, où se présentaient à la vue tant de bâtiments élevés, de terrasses en gradins, de jardins et de loges destinés aux gens de la cour, que nos yeux en restèrent éblouis et nos esprits stupéfaits ». Il remarque surtout la salle à manger, « bâtie dans une vaste cour », au milieu de jardins avec lesquels elle communique par des portiques continus. La cour actuelle occuperait-elle l'emplacement de cette salle ? Et ce ne sont que pavillons, kiosques, terrasses, cours semblables à celle de l'Alhambra, eaux courantes, lions crachants. C'est le paradis, disent les Arabes. C'est, à la lettre, le paradis de Mahomet. Nous voilà en pleine civilisation arabe, et, si l'on connaît Grenade, on se fera facilement l'idée du palais normand de Palerme. Le goût du XVIIe siècle lui a substitué la banale série de salons dorés, vastes, et accessibles aux assemblées et aux cortèges, et dont le palais de Naples nous montre trop l'insignifiance artistique et pareille. De ces temps, il n'est resté qu'une pièce, qui sert aujourd'hui d'antichambre à la salle à manger royale. Et si cette pièce ajoute à nos regrets, elle suffit aussi à notre désir de reconstitution.

Était-ce bien la chambre de Roger ? Il n'importe. Chambre ou salon, c'est un rectangle à peu près équilatéral, colonnes aux angles et montant jusqu'à la corniche, au-dessus de laquelle la masse du mur s'incline et va former l'arc de la fenêtre et la voûte à arêtes perdues

Voilà le plan ; il n'a rien de spécialement occidental. Le détail, en revanche, est purement arabe dans le lambris de marbre blanc, avec encadrements de mosaïques aux teintes claires. Quant au décor byzantin, on le trouve dans la voûte même, de mosaïque tout entière, aux sujets de chasse, rutilants de toutes les pierres. De beaux cygnes blancs s'abritent sous des palmiers, des chasseurs tirent l'arc sur les biches, des lions se visitent sous les dattiers que dépouillent, plus haut, des cerfs, de leurs fruits. Puis ce sont des centaures sur fond d'or, des lions et des griffons qui dissimulent le haut des arêtes, et accentuent ainsi la rondeur éclatante où l'on baigne bientôt comme dans une vasque d'eau limpide, à fond caillouté de pierres précieuses.

Cette disposition, ces revêtements et ce décor, nous les retrouverons partout, transformés selon la destination des lieux, d'architecture plus nette, bien entendu, mais exactement semblables pour le détail et pour la parure. La chambre de Roger est, au juste, l'appropriation intime, ménagère, de la chapelle palatine où nous entrons aussitôt.

Il fait sombre, et l'abord est, tout de suite, d'une église familière. Les grandes lignes seules frappent à cet obscur contact. C'est le plan, déjà classique, de la croix latine, des trois nefs en avant du chœur, séparées par des colonnes portant les arcs qui portent la voûte ; au fond, une abside ; dans les murs, des fenêtres ; bref, tout l'appareil général, si déjà des points diffèrent, des églises d'Occident. Les yeux s'habituent à l'obscurité, et l'on commence à percevoir les détails ; ces arcs beaucoup plus élevés, comme dans certaines basiliques latines inspirées de l'Orient ; l'absence de transepts, le triplement de l'abside, — mais la triple abside est-elle grecque ou cistercienne?

les deux peut-être ! — et la coupole portée sur quatre colonnes. Puis le revêtement des murs, pareil au revêtement de la chambre de Roger ; le plafond de bois, plafond extraordinaire, sculpté dans la masse, en stalactites dont on cherche longtemps le trompe-l'œil, tellement elles surprennent : on n'en veut pas admettre la réalité ; le pavement de marbre, de serpentin et de porphyre ; la petite frise, représentant des palmes d'or ; la clôture du chœur et ses marches de marbre incrusté ; la chaire, mosaïquée comme les clôtures ; tout ceci est nettement arabe, palais ou mosquée de Damas, de l'inaccessible Mekke. Éclate enfin, en haut, la pyrotechnie des mosaïques byzantines : le Christ, les anges, les apôtres ; puis des récits : la vie du Christ, de Pierre, de Paul, l'Ancien Testament et toutes les belles légendes, combien plus belles encore sous cette rutilante apparence !

Ravenne, Venise et Rome ont pu nous habituer à cet effet des mosaïques. Mais ce qu'elles ne nous ont pas donné, c'est cette impression de plénitude concordante et parfaite. Et lorsqu'on aura délimité chaque apport, il n'y aura plus qu'à ouvrir ses yeux éblouis. Ces mosaïques ne sont pas les plus parfaites, les plus pures de Palerme. Je leur préfère celles de la Martorana, et encore plus celles de Cefalù.

Mais ici, elles font partie d'un tout où il n'y a plus de place pour le choix. Leur art personnel disparaît dans l'effet auquel elles contribuent. A terre, en haut, de côté, au fond, marches, accessoires, portes et sièges, il n'est rien qui ne brille d'un éclat éblouissant. Pas un coin de fruste, de nu, où la main de l'artiste ne se soit appliquée. Tout est travaillé, caressé, soigné, poli et fouillé. Et, si on lève la tête, c'est ce plafond menaçant, par les caissons duquel on voit entrer toutes les flammes de l'Orient. Le Christ, sur ce mur, fait son entrée à Jérusalem. Ah ! c'est bien « la Jérusalem nouvelle brillante de clarté », dans laquelle il pénètre au milieu de nous ! Tout à l'heure, il faisait sombre, et voici que le miracle de la mosaïque opère. Je me souviens que, à Ravenne, je suis entré dans le tombeau de Galla Placidia tâtonnant, pour en sortir titubant sous l'aveuglante clarté des voûtes multicolores. Le même phénomène se produit, et les rayons tombants allument tous les marbres, versent leurs reflets sur les parois, sur les colonnes lisses, où des langues d'or, de rubis, d'améthyste se prélassent ou s'accrochent. Le bain que l'on prenait chez Roger, on le prend plus voluptueux encore, grâce à l'ombre avare qui augmente les feux des joyaux. Cela traîne sur le pavé, remonte au plafond, où les ors et les verts fanés des stalactites se réveillent, et vont réveiller à leur tour les personnages des scènes peintes dans les caissons, réjouissent les trognes des buveurs, animent les joues des danseuses, lustrent la fourrure des lions, ravivent les tuniques des rois, allument le fer des lances, polissent les instruments des musiciens et les arcs des chasseurs ; cela caresse la colombe de la chaire dont les ailes s'allument, projette les marches du chœur, descend en circuits le long du cierge pascal, et s'en va mourir dans les coins où traînent les dernières lueurs, comme le soleil au fond d'une eau pure. Mélange parfait de deux et même de trois conceptions, mélange achevé et complet, la Palatine, à qui a vu Venise et Ravenne, sera nouvelle encore. Elle est nouvelle par son assemblage et par ses suggestions. Nous y entrons comme à la messe de notre enfance catholique, nous y restons comme dans nos rêves de féeries arabes, et nous en sortons dans l'éblouissement du Paradis des orthodoxes.

Mais n'est-ce pas trop s'avancer que d'insister autant sur « les trois civilisations », puisque j'hésite déjà à les trouver à la Palatine ? Il conviendrait peut-être, dès maintenant, de penser aux retouches dont je parlais avant de commencer. Le plan latin est indubitable dans la chapelle palatine, mais si noyé ! Dans la chambre de Roger, on le chercherait en vain. Pour le moment, il est clair que la préoccupation arabe et grecque habite ces hommes du Nord, jetés violemment devant des architectures à l'aspect hautain et fermé de forteresse dont leur âme guerrière s'enivre facilement, et qui prêtent si bien leurs surfaces intérieures aux beaux décors orientaux, que ces demi-barbares n'avaient jamais pu imaginer aux rives de la Seine. Entre 1130 et 1180, du roi Roger II à son petit-fils Guillaume II, c'est la tour arabe « byzantinisée » à l'intérieur qui va prédominer à Palerme, avec des retours, des repentirs romans que nous jugerons tout à l'heure. Mais, avant tout, voyons les dates. Elles sont significatives. Elles expliquent le mouvement des âmes.

La Palatine est de 1129, la Palatine où la part occidentale est des plus réduites. Lui succède aussitôt, en 1131, Cefalù, franchement romane. Cefalù à peine en train, retour à l'arabe : en 1132, les Eremiti se coiffent de leurs citrouilles ; toutefois le plan reste allongé et un clocher excuse les citrouilles. En 1143, la Martorana est purement arabe à l'extérieur, défiguré aujourd'hui, mais encore reconnaissable. Pour atténuer cependant, on la flanque aussi d'un clocher, mais qui n'est que campanile, et encore se rattrape-t-on par la coupole byzantine : aucune trace septentrionale cette fois. En 1161, San Cataldo n'a plus même de campanile. Alors, nouveau et violent retour : San Spirito, en 1173, qui n'est pour ainsi dire que l'essai de la merveille, du chef-d'œuvre romano-byzantin, que sera, l'année suivante, Monreale. Entre temps s'élèvent les monuments civils qui seront tout arabes, la Cuba, la Cubola et la Siza. Arrêtons-nous à ceux-ci, d'abord.

Autrefois, ces châteaux étaient des pavillons de retraite, au milieu des parcs taillés dans cette Conque d'Or que Palerme a peu à peu envahie, la couvrant de faubourgs. La Cuba est aujourd'hui dans la cour d'une caserne. Elle ne conserve rien qu'un bout de plafond de stuc, purement arabe, et sa masse, entre les écuries et parmi les canons, fait l'effet du donjon. La Cubola est perdue au fond d'un jardin, sorte d'arc triomphal à coupole. La Siza trône au milieu d'un quartier populaire. Tous trois ont cet aspect, que les parcs d'alentour devaient leur faire perdre autrefois, de château fort méfiant et revêche. Leur architecture est la même que celle du palais royal : hautes fenêtres étroites, aveugles à moitié ; tourelles carrées au milieu des parois latérales, cette tourelle qui s'arrondira pour former l'abside des églises. A la Siza, l'arabe s'accentue encore, grâce à l'atrium, avec ses murs, sous la voûte en alvéoles, couverts de mosaïques d'or, bleues et vertes ; avec sa fontaine de mosaïque, aux paons et aux chasseurs affrontés, l'eau cascadant sur des degrés de marbre et venant paresser dans un bassin aux bords multicolores, mosaïque éteinte, d'une patine émouvante parmi les verdures qui la cachent.

Les Eremiti, Saint Jean des Ermites, au-dessous du château, se voient d'une façon qui leur fait tort dans le souvenir. On entre d'abord dans un jardin bien ombragé, lequel introduit dans le plus délicieux des cloîtres. Il n'y a plus de toit qui relierait la colonnade au mur ; les colonnes sont devenues des supports pour tous les arbustes grimpants de la création, et qui poussent dans le parterre central, touffu à craquer, d'un désordre sublime. En certains endroits, le toit a été remplacé par une treille, et c'est plus magnifique encore. Les belles jumelles accouplées, d'un marbre bien cuit de soleil, serrées de toutes parts, luisent et rient. Elles n'ont rien de la mélancolie des ruines ;

au contraire, toute l'allégresse de la vie. Entre les jasmins et les glycines, parmi les roses, elles participent au printemps. A l'automne, elles doivent s'enivrer, et Satyres et Bacchantes danser. En ce moment elles embaument toutes les fleurs d'avril, et leur peau fraîche est voluptueuse au toucher, comme d'une belle fille aux seins blancs.

Auprès de ce cloître-jardin, les ruines des Eremiti sont bien tristes et bien nues. On en distingue, d'ailleurs, assez difficilement le plan. Il n'y a pas d'abside; la nef, divisée par une arcade, est étrange. A angle droit, à hauteur du chœur, on pénètre dans une seconde grande chapelle ou porche, sans pendant ni correspondance. L'œil se perd dans le trou des dômes de pierre nue, sur des murs nus aussi. On se croit au fond d'un puits. Est-ce grec, arabe, gréco-arabe? Ce ne peut être occidental en tout cas. Et l'influence septentrionale ne s'accuse guère qu'à l'extérieur, en dépit des cinq citrouilles, si pittoresques et brillantes.

San Cataldo est pareil, mais plus franc. L'extérieur est exactement celui de la Siza, c'est-à-dire purement arabe. L'intérieur est tout byzantin : croix grecque, coupole centrale élevée sur quatre colonnes et flanquée de deux plus petites. Les amusantes coupoles, copiées, dirait-on, sur le bonnet du chef des eunuques ! Le musulman n'a pas tardé à apparaître dans cette affaire byzantine. Rien n'est saisissant, cependant, comme cette église vide, sans un objet de culte ni un décor. Elle a l'air d'une salle de gardes, d'un atrium, si étroite autour de ses quatre colonnes qui la distribuent également. Au fond, l'abside minuscule, une niche pour une idole d'Égypte, nouée, les bras collés au corps. Le jour est doux qui tombe par les hautes petites fenêtres, au pied de la coupole. Il vient caresser les fûts de marbre, les chapiteaux surtout, les uns corinthiens, les autres des plus purs dessins qui nous ont enthousiasmés à Ravenne ; il les anime, il les ombre et les enflamme. San Cataldo, alors que les Eremiti sont une ruine, n'est qu'une carcasse, mais, si moins poétique aux âmes tendres, je la trouve plus éloquente que les Eremiti. Cette carcasse, en effet, si nette, dévoile le fond des cœurs normands, et, en même temps, elle me fait voir l'armature que le Byzantin décorait, le squelette, le mannequin. L'Orient l'emporte et triomphe tout seul, qu'il s'appelle Byzance ou Bagdad, tous deux débarqués en Sicile, — ils ont ramassé un peu de Perse en passant, afin que l'apport soit total, — pour la glorification d'un Dieu de moins en moins latin, roman pas davantage, s'il est toujours chrétien au fond des cœurs.

La Martorana a revêtu son armature, nue à San Cataldo, d'ors et de pierreries. Exactement pareille à San Cataldo, si nous négligeons, ce qui est facile à faire, même lorsqu'on circule parmi eux, les ajoutés du XVIIIe siècle, la Martorana dessine la légère, élégante croix grecque, les trois absides étroites, la coupole centrale sur quatre colonnes. Mais, née avant San Cataldo, elle a reçu pourtant son décor, ses mosaïques magnifiques, les plus belles de Palerme par leur sobre richesse, leur accent dramatique sans vulgarité, et leur prestesse de dessin. Ibn-Djobaïr, qui la vit, en resta émerveillé : « Les murailles intérieures du temple sont dorées, ou pour mieux dire, elles sont toute une pièce d'or. On y remarque des tables de marbre de couleur, dont on n'a jamais vu les pareilles, qui sont relevées par des cubes de mosaïque en or, et couronnées de branches d'arbres en mosaïque verte... Cette église a aussi un beffroi soutenu par des colonnes en marbre, et surmonté par un dôme qui repose sur d'autres colonnes. C'est une des plus merveilleuses constructions qu'on puisse voir. Que Dieu, dans sa grâce et sa générosité, honore bientôt cet édifice par les prières des croyants ». Ibn-Djobaïr dit beffroi. Il ne dit pas minaret. Il dit encore moins clocher ou campanile. Ne sachant lequel de ces trois il doit choisir, il a recours au terme militaire. Que la Martorana soit grecque, cela s'explique par son donateur, l'amiral Georges d'Antioche, au service de Roger, Grec d'origine et de religion. Il destinait son église à ses coreligionnaires. Mais de comprendre l'esprit qui inspire la Martorana, cela ne nous éclaire pas davantage : ce que nous cherchons toujours, c'est le roman, ou simplement le latin, la trace des Normands enfin. A la Martorana, elle est seulement dans le beffroi qui est un clocher, dans le clocher qui est un beffroi, c'est-à-dire dans l'intention, mais non dans le fait. Quelle base fragile où bâtir un système, qu'une intention !

Ce fait, sera-ce San Spirito dei Vespri ? La masse arabe domine bien encore, mais toute crevée de fenêtres innombrables. Les arcatures de marbres divers sont bien dessinées, mais ce qu'elles dessinent c'est l'arc roman à peu près pur. Les absides sont proéminentes, plus profondes qu'elles n'ont jamais été. Il y en a trois, comme chez les Cisterciens. Et c'est la longue croix latine, et c'est, surtout, à l'intérieur, les piliers ronds que Guillaume le Conquérant transporte à ce moment même en Angleterre, et c'est, enfin, l'ogive franche. Cette fois, la forme septentrionale l'emporte, l'arabe est noyé à son tour, comme le fut le latin à la Palatine.

Nous pouvons maintenant résumer et aller au fond des choses. Les Normands débarquent avec un idéal très net qui ne leur permet pas de concevoir les constructions autrement que conformes au type dont leurs yeux d'enfants ont été caressés. Ils tombent, dès leurs premiers pas en Italie, avant d'arriver à Palerme, sur l'architecture et l'ornement byzantins, qui les ravissent par leur richesse et les charment par leur imprévu. A Palerme, l'enchantement est plus grand encore. Si rien des mosquées de cette ville ne trouve les Normands préparés à une conquête, ni même susceptibles d'une entente, en revanche, ils sont éblouis par cet éclat discret, ce charme frais, sur cette terre chaude, des marbres et des fontaines. Ils s'y livrent; et tant qu'il ne s'agit que d'eux-mêmes, de leur domestique, l'arabe triomphe, auquel ils font servir leur familiarité avec l'art byzantin. Mais vient le moment où il faut glorifier Dieu. Or, Dieu, ils ne peuvent, sans sacrilège, le concevoir que roman, le Dieu de Caen, de Coutances, de Rome tout au plus, et ils essayent, à tout coup, de réserver la part de ce Dieu-là. Rien n'est plus émouvant que cette lutte de cinquante années, où une âme se cherche, où une expression personnelle veut se faire jour. Effort passionné d'une mentalité spéciale pour adapter ce qui la séduit à ses vieux instincts, à son éducation première. Ames simples et scrupuleuses, mais sensibles à la beauté ! Vite un clocher à côté de la mosquée, quitte à lui mettre un bonnet d'eunuque, si drôle, si joyeux sous les rayons d'un soleil nouveau ! Vite, profitons de la forme allongée qui nous tente, pour y insérer la croix latine ! Et vite, ailleurs, Byzance, pour nous rassurer. Car, Byzance, qu'est-ce donc ? C'est du chrétien ! Schismatique, mais Jésus est toujours là. *Filioque* ou non, c'est toujours le Christ, comme à Mileto. Et l'Occident, acharné à la conquête de l'Orient, se dit qu'il lui faudra bien, après réussite, loger les fidèles du pape dans les églises orthodoxes, comme on les a logés, comme on les loge encore dans les basiliques païennes. D'ailleurs, les Pouilles, la Basilicate, la Calabre, ont habitué les Normands à prier chez les Grecs. Ils y priaient même très bien ; leurs victoires en sont la preuve. Aussi la tour des Arabes les trouve-t-elle habitués aux compositions. Ils y inscrivent la croix grecque, comme à San Cataldo, comme à la Martorana, et leur conscience est rassurée. Si l'extérieur est païen, l'intérieur est chrétien, ce qui est l'important. Chrétien schismatique, mais chrétien. L'exaltation du premier moment passé, les Normands sont repris de craintes, de scrupules. Il faut en finir. La victoire se dessine à San Spirito, et Monreale vient enfin marquer le triomphe du vieux sang romano-latin, avec une dernière concession à l'Orient par le décor byzantin, sur la séduction païenne, sur l'arabe. L'art des Normands, oui, fut un composé de trois civilisations qui se frôlèrent, se tendirent la main, cohabitèrent même, mais qui ne purent s'étreindre.

Une fois pourtant, elles s'embrassèrent. Et c'est dans le plus ancien monument de Palerme, le Dôme, commencé trente ans avant toute autre église, en 1098, trois ans avant la mort du Grand-Comte, le premier Roger, le frère de Guiscard. Le Dôme de Palerme a subi le sort de toutes les grandes choses que leur destination soumet aux injures du goût, c'est-à-dire de la succession des temps. Il a été remanié vingt fois, augmenté, mutilé, et nous pouvons suivre sur ses murs la trace des « embellissements ». Le long mur de la façade méridionale est du XIVe siècle. Du même siècle, le portail occidental, le campanile et les quatre tours carrées des angles. Du XVe, le porche de la façade méridionale, trop fin pour cette masse, et trop plaqué. Du XVIIIe enfin, la ridicule coupole. A l'intérieur, le XVIe siècle supprima les mosaïques et creva les murs des bas-côtés, pour construire les chapelles aux calottes si disgracieuses. Au milieu d'un tel amas de déplorables arrangements, il n'est cependant pas très difficile de retrouver l'œuvre première. Elle est dans les trois absides aux arcatures entre-croisées, caractéristiques de l'art occidental, sortant du mur droit d'une forteresse arabe. Elle est dans le mur de la nef avec ses fenêtres hautes, purement roman. Elle est dans la frise suprême, arabe. Là se réunissent enfin la Cuba et Cefalù, auxquels les mosaïques de l'intérieur apportaient le troisième élément, le byzantin. Or, ce Dôme est le premier essai des Normands, et sa construction se prolongea sous toute la dynastie des Hauteville. Visiblement, les tâtonnements des autres églises servaient à l'harmonie de celle-ci. Ici seulement s'opéra la fusion que les Normands cherchaient dans l'art, comme dans les mœurs et dans la politique. En politique, le grec l'emporta ; dans les mœurs, l'arabe. En art, au Dôme, le mélange est obtenu. Il ne l'est que là ; ailleurs, il n'y a pas réunion des trois civilisations, sauf peut-être à la Palatine, mais des essais successifs. L'une au moins disparaît à peu près derrière les deux autres, ou même deux derrière une seule. Ces efforts, et le Dôme, permettent cependant d'assurer que les Normands eussent atteint à l'équilibre parfait si on leur en eût laissé le temps ; la gloire d'avoir créé un art ne leur serait pas contestée, comme elle l'est encore aujourd'hui.

Aussi n'est-ce point sans émotion que nous nous approcherons, sous les arceaux de ce Dôme, de la chapelle des tombeaux. Ici, sous ces petits temples à colonnes, reposent Roger II, Frédéric II et la mère de celui-ci, la fille de Roger, Constance. Le noble Frédéric, après tant d'aventures, tant de génie dépensé, de grâce répandue, de vaillance déployée, de finesse normande exercée, a voulu être enseveli auprès de son ancêtre. Dernier Normand qui ait pu accomplir à peu près sa destinée — Manfred et Conradin ne firent que passer — il a voulu, sous ses habits arabes, sous sa tiare grecque, dans ce Dôme normand, reposer. Ci-gît, auprès du roi Roger, la dernière fleur d'une race éphémère, venue des rives françaises pour donner au monde une double leçon : elle sut aimer le beau sous toutes ses formes, même celles qui lui semblaient le plus étrangères, et les concilier en somme, en dépit des tâtonnements et des scrupules ; elle sut, en ces siècles fanatiques, parler un langage de tolérance ; elle prêcha l'accord social comme l'accord artistique, belles paroles d'entente universelle dont d'autres Français auront bientôt la honte d'étouffer l'écho et d'anéantir à jamais l'effet.

*
* *

Une promenade dans Palerme, sous ce souci, est la plus navrante qu'on puisse faire. On peut être distrait, intéressé et captivé par le spectacle de la rue, vivante d'une vie aussi étrangère à nos yeux, d'une vie en un mot pittoresque ; on peut se plaire au milieu de ces ruelles où la lessive se balance comme les pankas coloniaux ; on peut s'amuser des charrettes innombrables, peintes jusque sous la caisse, leurs panneaux agrémentés de sujets héroïques ou plaisants, danseuses en tutu, seigneurs rendant la justice, les récits souvent divisés en cinq ou six parties, sur les côtés et sur le derrière ; on peut admirer les panaches rouges des chevaux, leurs harnais et leurs cliquetis; la Palerme scintillante, bruyante, brillante et même sale, peut retenir longtemps une attention amusée et même passionnée. Tant d'exubérance, de dehors, de vie répandue sur la chaussée, ces enfants en chemise dans le ruisseau, ces femmes dépoitraillées, ces hommes graves en jaquette, chapeau de paille sur le chef, assis au seuil de la boutique avec l'air de dire : « Est-ce qu'il va venir me déranger, celui-là ? », tout cela enchante et fait trouver belle l'existence sous le franc soleil et la brise fraîche! Mais tout cela, c'est le passage, ce sont les pas entre les haltes, l'amusement intermédiaire. Lorsqu'on s'arrête, lorsqu'on arrive au monument cherché, la tristesse reprend son empire, s'impose.

Les Normands partis, il n'y a plus rien. J'entends rien qui vaille ce qu'ils nous ont laissé. On trouvera bien des œuvres aimables, curieuses, quelquefois belles. Aucune qui frappe sur le cœur les petits coups qui le réveillent. On est content, on n'est pas conquis. Comme on *les* a vite oubliés! Avec Frédéric ils sont enterrés dans le Dôme qui va, maintenant, faire tout son possible pour effacer leur mémoire. San Francesco, qui date de Frédéric, garde seul une trace légère en son portail de pur roman. A l'intérieur, le XVIIIe siècle a tout gâché. Et ce ne sont pas les stucs de Serpotta, ni même les bas-reliefs de Laurana qui nous consoleront. Ajoutons-lui San Antonio, bâtie sur le plan de la Martorana, et défiguré par une restauration gothique, puis les palais Sclafani et Chiaramonti, méconnaissables, et ce sera tout. Dès le xvᵉ siècle, tout souvenir a disparu. La haute tour du palais Abbatelli, aujourd'hui le couvent de la Pietà, pourrait faire illusion par ses créneaux. Ne nous y trompons pas, il est purement Renaissance, fils du nord italien, enfant perdu du quattrocentisme, agrémenté de quelque ogive, mais pas plus. Voyez la porte de San Agostino, c'est du florentin par ses jambages et son fronton. Robbia a passé par ici. Arrêtez-vous pourtant à la Catena. Elle est charmante, de la première Renaissance, ainsi que San Giacomo, celui-ci moins pur que celle-là pourtant. C'est le style de la Pace de Rome, plein de grâce. Ce porche, long et profond, élevé et accueillant, réjouit les yeux. Cela est logique, net, sans emphase comme sans naïveté. L'art est adroit déjà, il n'est pas encore malin. Il y a du bon sens dans l'habileté. Les détails des fausses niches dans les petites colonnettes, de la frise et même des inutiles pilastres d'angles, qui enlèvent cette façade, sont des plus plaisants. A

San Giacomo, il y a déjà quelque corruption dans la partie supérieure qui prétend être utile : on y habite. Et voilà, alourdi, un ensemble qui, à la Catena, est plein de grâce et d'aisance.

Le XVIe siècle, sous l'influence espagnole, va se livrer à tous ses excès. L'art italien, puisqu'il ne s'agit plus des Normands, essaiera quelquefois de résister. Sans conviction, sans force en tout cas. Des palais comme le Cattolica, le Santafina, auront de la noblesse, le premier avec sa cour pareille à celle du palais royal, le second avec sa façade massive et puissante. Aussi le Massimo, au Corso, maintenant la Bibliothèque. Le baroque entre à Palerme par la Porta Nuova, dont le couronnement rappelle la villa chinoise de la Favorite ; il s'y prélasse, mange tout. Ne lui soyons pas reconnaissants d'avoir respecté la fontaine de Montorsoli, sur la place Pretoria, fontaine trop vaste pour son mince filet, où les sujets, nombreux, n'ont pas de raison d'être intrinsèque et restent sans liens entre eux, allégories fades et réalités grossières comme, par exemple, ces têtes d'animaux sans intérêt et sans style. La fontaine d'Amato, sur la place Marina, aurait du moins le mérite d'être une fontaine, c'est-à-dire de laisser à l'eau la place la plus grande, à l'eau et à ses vasques, si la femme, montée sur un cygne comme elle monterait sur un tabouret, non sans nous faire voir sa belle jambe, si cette divinité ne nous rappelait pas les jeux de Franconi. C'est, jusqu'à la fin, une course éperdue à la grandiloquence, depuis San Giuseppe jusqu'aux monuments modernes comme le théâtre et la Politeama, en passant par le Gesù, dont le nom dispense de tout détail, par Santa Caterina, macaronique, et par San Salvatore, qui est ovale. On avait l'église longue et l'église ronde ; il fallait bien l'ovale, en attendant l'elliptique ou la serpentine. Les serpentins sont sur les murs, d'ailleurs. Un vent tempétueux agite ces marbres fins comme des copeaux : que ne les emporte-t-il !

Quoi encore ? Je ne sais plus. J'ai voulu tout voir, depuis les Quattro Canti, façades sans monuments, ce qui est bien le comble de l'aberration, jusqu'à l'Olivella, en passant par San Domenico et le Rosaire. Celle-ci du moins possède un van Dyck magistral. Celle-là est immense ; elle est mesquine, pourtant. Des autres, je ne me souviens plus. Autrefois, à Modène, à Lecce surtout, j'ai pu être séduit par le baroque. Lorsqu'il est seul, logique, non pas devant la raison impartiale mais en soi-même, non pas dans l'absolu mais dans son relatif, lorsqu'il est chez lui, tout seul, enfin, on peut le comprendre. Dès qu'on rencontre à quoi le comparer, comme à Venise par exemple, ou à Rome, ou à Palerme, on n'a pas assez de mots pour le honnir. Il ne se contente pas ici, en effet, ainsi qu'il ne s'est pas contenté partout ailleurs, d'exposer ses aberrations. Il a détruit autour de lui pour nous les offrir seules à admirer. Et ce qu'il a détruit, si modeste et nu que ce fut, valait cent fois plus que lui. Tel est son grand crime que, dans des villes comme Palerme principalement, il est impossible de lui pardonner.

Pauvre Palerme ! Ce qu'elle aurait pu être, ce qu'elle aurait dû rester, je viens de le sentir sur la place delle Croce dei Vespri. Là, dit-on, sont enterrés les Français massacrés le jour de Pâques 1282, à l'heure des vêpres. Il n'y a pas cent ans que Guillaume II de Hauteville est descendu au tombeau ; Frédéric est mort depuis trente-deux ans, Manfred depuis seize, Conradin depuis quatorze, et le nom de Français résonne déjà aux oreilles palermitaines comme celui de Tedesco aux oreilles lombardes et vénitiennes d'aujourd'hui. Ce beau résultat est l'œuvre de Charles d'Anjou, frère de saint Louis.

Frédéric II avait dû abandonner la seule ville qu'il aimât; mais, au loin, il travaillait pour elle. Ses fils durent, comme lui, lutter sur la terre étrangère. Palerme attendait leur retour, confiante dans son charme et dans les attraits du glorieux passé. Un matin, alors que la mort de Manfred la laissait anéantie, elle voit débarquer un chevalier brillant et fort qui se dit, lui aussi, fils du pays béni d'où Roger arriva autrefois. On a ravi à Palerme ses amis de France, mais ce sont d'autres de même terre qu'on lui renvoie. La joie fut courte; les temps de Henri VI, qu'ils appelaient le Cyclope, recommencèrent pour les Palermitains. Charles traita Palerme, tout de suite, en ennemie. Le siège du gouvernement lui est enlevé et donné à Messine. Les massacres deviennent quotidiens, les vols et les exactions. Quiconque possède un bien est suspect, bientôt emprisonné, ses terres partagées entre les barons de Charles. Les barons siciliens, eux, s'ils sont riches, rachètent leur liberté, mais ils sont, de ce fait, réduits à la misère. Leurs filles sont distribuées aux favoris du roi ou condamnées au couvent. Leurs fils sont gardés comme otages à la cour, et, pour en finir plus vite, on leur interdit de se marier. Ainsi traite un peuple que Roger le

Normand respectait dans toutes ses diversités de race et de religion, le Français d'Anjou.

La multitude, on lui jette sur les épaules les corvées, le transport, le droit de gîte, la bonne prise sur les denrées, sur la moisson, sur la vendange. Défense de moudre et de cuire ailleurs que dans les moulins et fours seigneuriaux. Douanes, monopoles, péages, arrêtent toute transaction. Quant aux fonctions publiques, est-il besoin de dire qu'elles sont toutes dans les mains des Français ? « L'impôt n'est plus qu'un moyen de spoliation et la justice un instrument de règne ». La Sicile, sous Charles d'Anjou, si nous voulons avoir une idée de l'état où elle était réduite, nous n'avons qu'à songer à certaines colonies modernes du centre de l'Afrique. Vous vous rappelez ce fonctionnaire qui gardait en prison les femmes et les enfants des villages où l'impôt rentrait mal ? Ainsi faisait-on en Sicile. Lorsqu'un Français croise un Sicilien à cheval, le Sicilien doit descendre de sa monture pour saluer, pour suivre le Français où qu'il aille. La Sicile est traitée comme un pays conquis, ennemi, elle qui ne demandait qu'à aimer ! Les chroniques retentissent de malédiction. « Nous avons reçu l'Antéchrist au lieu d'un roi !... Se renouvelle chez nous la misère d'Israël en Égypte ! ». Et voilà qu'un beau jour se répand la nouvelle qu'une levée va être faite pour la guerre d'Orient, c'est-à-dire pour le massacre des frères de Byzance, de Grèce !

C'en est trop. La Sicile entière se tourne vers Aragon et implore du secours. La femme de Pierre d'Aragon est la fille de Manfred. Auprès d'eux vit, réfugié après Bénévent, Jean de Procida, le conseiller de Frédéric II, l'ami de Manfred et de Conradin. Incessamment, il invite ses hôtes à venger Manfred et à prendre une terre qui ne demande qu'à être heureuse sous la fille de ses rois. On lui permet d'aller voir. Il arrive en Sicile et tombe sur un pays qui agonise. Quelles furent ses menées, on ne le sait encore au juste. Secret, il n'a laissé aucune trace de ses actes. Mais il n'est pas bien difficile de deviner ce qu'il fit. Puis, il part pour Constantinople demander l'appui de Michel Paléologue. Il l'obtient, revient à Rome où il ne tarde pas à convaincre Nicolas III du danger des Angevins pour l'Église. Nicolas meurt. Procida retourne à Constantinople, revient en Italie, en Sicile, retourne en Espagne, revient encore, préparant tout pour l'heure, qu'il devine prochaine, où la Sicile ne voudra pas mourir avant d'avoir tenté un suprême effort.

Au commencement de l'année 1282, Procida put dire à Pierre d'Aragon que tout était prêt. Précipita-t-il l'événement? Il n'était pas besoin. Il suffisait qu'on le sût là, qu'on sût Aragon disposé à intervenir, pour donner du courage. L'incident des Vêpres ne fut que le dernier coup de marteau qui enfonce la bonde : le sang coula et le flot emporta à jamais les Français de la terre qu'ils avaient conquise.

Un Français, nommé Drouet, se promenant au milieu de la foule, à Monreale, le jour de Pâques 1282, à l'heure des Vêpres, aperçut une jolie fille au bras d'un jeune homme, son fiancé. Sous prétexte de voir si elle ne cache pas une arme dans son sein, il découvre celui-ci et le froisse de sa main. Le couteau sortit tout seul de la poche du fiancé, et se planta dans le cœur de Drouet. Quelques instants après, deux cents Français jonchent la place. Le lendemain, toute la Sicile était en révolte. En moins de deux mois les Français étaient chassés, sauf autour de Messine qui fut magnifique d'ardeur et d'opiniâtreté. En vain Charles l'assiège. « Dieu t'avait donné un peuple innocent à gouverner, lui crie-t-on du haut des remparts; tu l'as livré à des loups et à des chiens ! » Le légat du pape arrive. Messine le reçoit avec respect et remet la Sicile entre ses mains. « Je la donne donc à Charles », dit le légat. Le lendemain, il s'enfuyait afin d'éviter d'être mis en morceaux.

Pendant ce temps Pierre d'Aragon attendait, au bord africain, le moment favorable. Les Siciliens l'envoient chercher. Il débarque à Trapani, reçu par un peuple en délire, passe à Palerme où il se fait couronner, et court prendre Charles à dos. Charles dut lever le siège et plus jamais Anjou ne mit le pied en Sicile. Aux Normands succédait l'Espagne à qui Palerme doit tous les monuments sans gloire et sans grand mérite que nous venons de voir. Il fut réservé à des Français d'arrêter le bel essor imprimé par les Normands. Ce n'est qu'en 1860, avec Garibaldi, que quelques Français, qui figuraient parmi les Mille, réparèrent l'injure de leurs ancêtres et tendirent la main aux fils de Tancrède de Hauteville, libérateurs et bienfaiteurs de l'antique Trinacria.

*
* *

Lorsqu'on a, pendant des jours nombreux, visité les vivantes ruines d'une Syracuse, d'une Agrigente et d'une Taormina, de quel effroi n'est-on pas saisi, l'instant venu d'un musée ! On s'était fait une douce habitude d'habiter les temples, de dormir à l'ombre des murs dramatiques, et de cueillir des églantines sur les tombes. Les choses peuvent être déchues, le fait de s'y promener comme au boulevard les ressuscite. On les pénètre, elles nous pénètrent, on ne fait plus qu'un avec elles. Elles font partie de notre intimité ; on les traite comme ses meubles. Elles deviennent familières et familiales. Ce ne sont plus des ruines, mais au contraire de jeunes merveilles qui éclosent sous votre main, au moment précis où vous entrez, circulant parmi elles comme dans votre propre jardin.

Le musée, dès lors, apparaît quelque chose de cérémonieux et de distant. Y passer, c'est quitter la compagnie d'amis intimes réunis dans votre maison, pour rendre des visites. Les salons où l'on va, on les sait agréables, remplis de personnes intelligentes, aimables et belles. Ils n'auront pas toutefois l'abandon confiant dont on vient de tant apprécier le prix. Habillées en parade, raides dans leur vêtement d'or, sagement rangées le long des murs, c'est en vain que les dames vous inviteront à danser, ou à faire danser vos frais émois. Comme on aimerait mieux les promener dans les champs ! On a laissé sa canne à l'antichambre, et l'on hésite à garder son chapeau. On craint de rire trop haut, ou de se livrer à une exubérante gesticulation. On se sent étranger enfin dans un monde distingué, mais froid, momifié, mort enfin auprès de celui qu'on a laissé. Et lorsque ce qu'on a quitté, ce sont les rues grouillantes et odorantes de Palerme, le soleil et la mer poissonneuse, la Palatine où brûle toujours l'encens, les églises baroques elles-mêmes retentissantes d'hosannas, on est pris de l'envie de tourner bride, et d'abandonner ces choses insensibles pour continuer à vivre, fût-ce moins noblement qu'on ne s'ennuierait.

Ainsi je me désole, ce matin, tandis que, après avoir retardé le moment fatal, je tourne dans les ruelles infectes qui conduisent à la place de l'Olivella. Pour me consoler, j'évoque le souvenir du musée des Thermes, à Rome, si accueillant, qui a réalisé le miracle des roses naissant dans les sarcophages aux poussières dispersées. On m'a dit que le musée de Palerme possède, lui aussi, son beau jardin, où les marbres, tant caressés par l'air parfumé, embaument comme des jeunes filles ceintes de guirlandes et couronnées. Et je me promets de m'y réfugier, ainsi que les soirs de bal on se retire de temps en temps au fumoir.

Celui-ci est enchanté. Deux cours, deux cloîtres, le premier petit, l'autre grand, tous deux profonds comme des puits, garnis de tous les pampres et bruissants de toutes les eaux. Au milieu du premier, dans une vasque chargée de plantes aquatiques qui ouvrent de blancs calices, un triton souffle dans sa conque, et c'est la première fois que je regrette que ce ne soit pas une conque d'or... Un désordre apparent a disposé, sous les arcades d'où pendent les fleurs de la glycine et de la clématite, les roses aussi, a disposé des marbres divers, bénitiers, chapiteaux, vasques et fûts. Dans un coin, la croix des Vêpres siciliennes, qu'un lierre pardonne. Sous le cloître, des débris encore, portes de palais reconstituées, plaques funéraires, tout le menu des ruines que le triton rassemble à sa conque sonore. Au-dessus de la porte centrale, l'aigle impérial commande l'entrée du second cloître, du grand cloître, longue cour aussi chargée de nature qu'un chantier de pierres. Palmiers gigantesques allant chercher le soleil le long des trois étages du monument. Dattiers, bananiers, yuccas, phénix, s'épanouissent à leur ombre. Dans la vasque, des papyrus balancent leur chevelure au-dessus de leur frêle tige, au milieu des nymphéas. Dans les corbeilles que dessinent de longues chenilles vertes, des fleurs étranges et violentes. Et, des fenêtres ou des balcons, tombent les longs bras des plantes grimpantes, qui cherchent à cueillir ces fleurs, lesquelles s'agrippent à leur tour, afin de rejoindre la ligne blanche du soleil. Dans ce fond abrité, tout a poussé en verdure touffue, exaspéré de la contrainte des murs. Ce pourrait être triste, et ce le serait au moindre nuage, ce le serait chez nous. On entend ces arbres et ces fleurs gémir de l'injustice qui les a parqués au fond d'un trou, lorsque tant de chaleur se répand au dehors, de soleil baigne leurs frères, et de vent même courbe leurs sœurs. Être violentés et accablés! Ils se sentent « musée » eux aussi. Leur désespoir leur donne un air farouche qui est plein de grandeur; ils veulent vivre, et cette volonté magnifique supprime tout ce qu'un état aussi sacrifié pourrait avoir de pitoyable. Car ils triomphent éperdument avec les plantes grimpantes et les palmiers; les arbustes et les fleurs ne font plus qu'un, l'emportent sur la mort des murailles, et font de ce jardin un secret paradis. Cela n'a point l'exubérance, ni surtout la mémoire si riche d'une Latomie. Mais cela possède plus de vigueur encore, plus de rage de vivre. Ce n'est pas le jardin miraculeux poussé dans les ruines. C'est le jardin emprisonné et sortant victorieux de sa cellule. On lui a donné une nécropole à parer; il en tire sa vie au lieu de s'y coucher, et proclame de toutes ses feuilles son droit à exister même parmi les tombeaux.

A moins que, conscient de ce qu'il embaume, il ne se montre aussi puissant qu'afin d'intimider les profanes incapables de goûter ses trésors. Cerbère plein de ruse, le jardin du musée de Palerme a dû souvent détourner les voyageurs hâtifs. Il peut suffire à qui demande au voyage de l'étonner plus que de l'instruire ou de lui hausser le cœur. Moi-même, je me suis attardé autour de lui, portant mes yeux des marbres accrochés sous les portiques aux fleurs et aux plantes étalées. L'effort des hommes est bien pauvre auprès de la facilité de la nature. Et les petites peintures de Solunte, aussi charmantes pourtant que celles de Pompei, donnent une grande leçon d'humilité.

Que vont paraître auprès de cela les marbres exilés au fond des salles? Sans hâte, je me dirige vers l'œuvre unique pour laquelle, à vrai dire, je me suis fait violence ce matin, alors que les villas de Palerme m'invitaient si instamment à les préférer. Je passe devant des moulages colossaux, monstrueux, dont l'un, l'Atlas d'Agrigente, nous est connu déjà, dont l'autre reproduit un chapiteau de Selinunte, champignon formidable et qu'il faut voir, peut-être, ainsi, sous un toit et non pas au milieu d'un champ, pour en apprécier, à sa valeur, si ce n'est la beauté harmonieuse, du moins la force intime et l'audace. Plus loin, ce sont des mosaïques considérables, aussi grandes que celles des Thermes de Caracalla, et que l'on voit au Latran, si elles leur paraissent inférieures. Enfin, dans une petite salle, la dernière avant celle que je cherche, un Faune praxitélien, célèbre paraît-il, et que je trouve, cependant, auprès non seulement d'Atlas, ce qui n'est pas difficile, mais aussi auprès du petit Bacchus d'à côté, bien fade et languissant. Praxitèle avait de la grâce, une maîtrise incomparable, mais il n'avait rien de cette mâle vigueur nécessaire à la véritable grandeur. Et si quelque chose affirme cette vérité, ce sont bien les métopes de Selinunte, si loin de la perfection pourtant, mais empreintes, dans leur naïveté maladroite, de cette force tranquille et sûre que possède seul le grand art.

A peine entré dans la salle, on est saisi. Si averti que l'on soit, si préparé par des lectures et même des travaux, l'émotion qui vous saisit ne permet aucune hésitation. On oublie tout ce qu'on sait, tout ce qu'on espérait. C'est aussi fort que ce qu'on attendait, mais autrement. L'inutilité, présente du moins, immédiate, d'avoir pris tant de peine, éclate aussitôt. Les sentiments qui se pressent sont purement humains. Il n'y a plus de place pour aucune étude, pour aucun souvenir esthétique, pour l'école. L'émotion seule vous secoue, indépendamment des labeurs précis. En dehors de toute loi, de tout art même peut-on dire, les premières métopes, celles du VIe ou même du VIIe siècle, sont plus qu'une œuvre ; ce sont des âmes. On voit devant soi, non pas un artiste, mais un peuple qui balbutie ses premiers mots, et déjà parle une langue expressive et personnelle. On a la sensation qu'à une enfance aussi nette, harmonieuse, et fine, car il y a de la malice, une malice charmante et sereine, ne pourront succéder qu'une adolescence et une maturité parfaites. Déjà le *Quadrige* a la clarté d'Homère. *Persée tuant Méduse* a l'équilibre et le jugement sûr d'un Aristide et d'un Périclès. *Hercule et les Cercopes* ont le divin sourire, l'esprit d'Alcibiade. A l'état embryonnaire, c'est toute la Grèce qui se montre à nous. Et les maladresses, les grossièretés d'un ciseau inhabile, on les aime pour les merveilles qu'ils nous annoncent avec tant de franchise, de naïveté, d'autant plus perceptibles. On sourit de la tête ridicule de

Méduse, mais Pégase, issu du sang de la gorgone, nous emporte déjà sur ses ailes, et nous planons avec lui au-dessus des misères, pour contempler face à face le génie naissant. Les Cercopes, je les vois à la table du Banquet, posant à Socrate les plus subtiles questions, que le divin sage résout avec l'aisance d'Hercule emportant ces lutins. Cela n'a pas l'art achevé d'un Homère, à qui le *Quadrige* me faisait penser tout à l'heure ; cela en a déjà toute la bonne grâce, la familiarité un peu hautaine et l'assurance placide. On dit que Dédale, lorsqu'il descendit aux rives siciliennes, y inventa la sculpture, qu'il fit sortir de la raideur égyptienne. Ah ! que j'aimerais qu'on lui dût ces métopes-là ! Ce n'est pas impossible, il me semble. Et nous en serions si heureux ! Devant ces bas-reliefs, maintenant que je les ai regardés longtemps, je me sens envahi du même sentiment que j'éprouvai, la première fois qu'il me fut donné d'admirer Giotto. Tout un monde s'annonce, toute une période de l'intelligence humaine se déroule : c'est le premier verset qui sonne à la mémoire l'hymne tout entier.

Les promesses furent tenues. Les quatre autres métopes semblent de la seconde moitié du ve siècle, c'est-à-dire du temps de Phidias. L'art garde encore quelque chose d'archaïque, mais si peu, à peine une certaine raideur qui retient le ciseau et l'esprit timides encore de l'artiste. La ligne générale du mouvement est impeccable ; le premier regard est satisfait pleinement ; mais peu à peu on s'aperçoit des petits détails dont l'ensemble constitue cette contrainte dernière, une jambe trop raide, une autre pliée mais qui craint de s'appuyer, bras tombant comme gêné, lourdeur des femmes dont le nez, qu'il soit à Junon ou à Diane, ne fait qu'un avec le front. Visiblement l'artiste en est au point où il n'ose pas tout à fait, mais il n'en est que là. Que vienne l'audace, il accomplira le chef-d'œuvre ; il n'a plus rien à apprendre. Cependant, si *Hercule et l'Amazone, Minerve et Encelade* sont victimes encore d'un certain embarras, si l'Amazone n'est pas assez guerrière, si Encelade tombe trop, en revanche, *Jupiter et Junon, Diane et Actéon* sont impeccables. Tout est là, tout l'art grec que Polyclète et Myron vont conduire à la perfection. Dans le premier groupe de métopes, il était en puissance ; le voici réalisé. Jamais on ne dépassera ce Jupiter « superbe et généreux » découvrant Junon et l'attirant vers sa couche, majesté sûre de soi, maîtrise de mâle déjà victorieux, confiance dans la beauté et dans le prestige. Et jamais on n'ira plus loin dans l'étude du corps humain que dans Actéon résistant aux chiens dévorants : comparez-le à l'*Amazone* et vous comprendrez le progrès.

Déjà, j'avais étudié, à Rome, à la villa Albini, ces deux étapes de la sculpture grecque à propos du relief d'Orphée. Je les retrouve en ces métopes ; Jupiter n'a rien à envier à Orphée. Je pensais tout à l'heure à Homère, dont le *Quadrige* a la clarté ordonnée. Ces reliefs-ci ont bien plus encore du grand aède. Ils en ont toute la perfection plastique et tout le sentiment, jusqu'à ce rien de fruste qui donne à Homère sa naïveté émouvante, ce rien qui est la dernière résistance de l'innocence avant l'habileté. A Syracuse, j'étais frappé de la ressemblance des héros du ve siècle avec ceux de l'*Iliade,* et je pensais au livre de de M. Michel Bréal qui rajeunit Homère. Les métopes de Selinunte, celles du ve siècle auprès de celles du vi^e^ ajoutent une preuve à la thèse philologique de M. Michel Bréal. Il y a entre l'œuvre d'Homère, les œuvres syracusaines et l'œuvre selinuntaise une concordance qu'on ne peut négliger. Je n'entends point prétendre qu'Homère soit du ve siècle comme en sont la guerre entre Athènes et Syracuse, et ces métopes ! Mais je ne puis croire que des âmes s'exprimant avec tant de parité, puissent être aussi dispersées dans le temps qu'on nous le dit. Et, en tous cas, il est une certitude dont je me persuade de plus en plus, la nécessité d'être bon psychologue pour être bon esthète. Je ne prétends donc ni à l'un ni à l'autre, heureux seulement d'imaginations dont l'invraisemblance ne me choque pas, plausibles à l'heure où je les ordonne, et soutenables sans trop de paradoxe enfin. De ces rêves-là, la salle des métopes au musée de Palerme fournit un nombre infini. On peut y passer des jours sans se lasser jamais. Ils vous emportent dans un monde sublime, dans ce monde que regrette Musset, où le ciel et la terre restaient confondus, l'âge de l'humanité première, qui n'est aussi belle à nos yeux, certainement, que grâce à ces artistes, ses seuls témoins, mais qui devait être belle tout de même en soi pour avoir ainsi inspiré ses plus proches enfants. La beauté plastique, aujourd'hui si rare que nous nous retournons tous quand elle passe, hommes éperdus, femmes troublées, courait les chemins et personne ne la distinguait : l'apologue de Renan sur la fréquente communion se vérifie une fois de plus. Oui, mais si on ne la constatait pas à tous propos, on ne l'éprouvait pas moins, et si la Grèce fut la première dans tous les jeux de l'esprit, si son œuvre intellectuelle nous domine encore, c'est que la beauté, moralisatrice au premier chef, opérait en leur cœur. Platon et Aristote étaient d'un pays où la beauté florissait aussi naturellement que les myrtes et les lauriers. Ils baignaient chaque jour dans une atmosphère de perfection, et si nos jours présents sont souvent si tristes, n'est-ce pas que la pureté des formes nous manque trop ?... Rêvons, rêvons longtemps. La dernière auréole ne fait pas défaut à des œuvres comme celles-ci, et qui est de précipiter les êtres sensibles dans un abîme tour à tour funèbre et reviviscent, d'où ils sortent enrichis, tout au moins, des plus hautes aspirations, des plus nobles désirs. Ils ne les couronneront pas, sans doute. N'oublions pas du moins que, dans notre humanité pitoyable, le peu de bien qui est réalisé prend sa source dans ces désirs-là. Ce sont eux qui forment le mince mais clair ruisseau ; et le pur limon qu'ils déposent comptera dans le jugement que les âges futurs, si ce n'est Dieu, porteront sur nous.

Ne réservons pas, toutefois, dans Palerme, ce privilège aux seules métopes de Selinunte. Mais à côté d'elles, plaçons aussi l'illustre

Bélier et le petit groupe d'*Hercule et la Biche*. Le second est romain sans doute ; mais on sait que Rome copiait plus qu'elle n'inventait. Le bélier est grec, syracusain. Déjà, au Vatican, dans la salle des animaux, on peut se rendre compte que cette perfection plastique dont je parlais tout à l'heure est générale. Le bélier de Syracuse, transporté au Vatican, éclipserait tous ses frères. Il est magnifique, d'une prestance olympienne. La mythologie des amours animales de Jupiter ne nous a transmis que Léda et Io. Devant ce bélier, je suis tenté de croire que Zeus, qui sut se changer en cygne et en taureau, dut un jour adopter l'apparence du bélier afin de s'approcher de quelque bergère effarouchée. Le bélier de Syracuse est le frère de l'Aurige de Delphes ; le même esprit, la même âme les ont inspirés tous deux ; la Vénus de Maupassant pouvait se donner à tous les deux sans bestialité.

La statuaire moderne est loin de cette maîtrise. Et c'est se montrer impitoyable envers Gagini que de lui donner de tels voisinages. Cependant Gagini et sa famille méritent l'attention, étant à peu près seuls à illustrer Palerme, dont l'indigence artistique, sous la domination espagnole, est lamentable. Les Gagini sont Lombards, mais toute leur carrière est sicilienne. On n'en compte pas moins de neuf travaillant à peu près en même temps à Palerme, au XVIe siècle. Un Sicilien a consacré à la reproduction de leurs œuvres deux gros volumes. M. Join-Lambert déplore leur facilité de bons manœuvres « pour lesquels la préoccupation de l'art pour l'art n'existe pas ». Ce ne serait rien, si l'art sans souci artistique était bon tout de même, s'il comportait quelque chose qui nous émeuve ! Les Gagini, ce sont un peu les Pérugins de la sculpture, ouvriers consciencieux mais indifférents. Les Robbia, eux aussi, avaient un atelier industriel. Ils ne se contentaient pas de travailler ; ils aimaient leur travail. « Nous ne pouvons demander aux artistes, dit Burckardt, de partager tous les sentiments qu'ils expriment, mais nous sommes en droit d'exiger qu'ils les éprouvent au moment où ils les expriment ». Les Robbia répondent toujours à cette exigence. Les Gagini jamais. Oh ! ils sont charmants. Et c'est bien ce que je leur reproche, de me séduire ainsi par les facultés les moins nobles de l'âme. C'est joli, gracieux au possible, tendre Vierge alanguie et bien peignée, bambino touchant, et des angelots qui ont l'air de Cupidons, roses pompons et dragées. Et s'il me fallait préférer, ce n'est pas aux statues du musée que je m'arrêterais, mais à l'autel de Santa Cita. Il y a dans cette œuvre un effort visible vers l'art non pas grand mais serein, haut enfin. Cela est balancé, groupé, détaillé dans l'intention, d'une manière qui ne peut rappeler Sansovino, mais du moins Andrea Bregno. C'est encore un tableau de Pérugin, mais du premier Pérugin, du Pérugin qui se souvient d'Alunno. Visiblement ce Gagini de Santa Cita a voulu s'arracher un instant à son commerce et laisser le monument de son art et non de son métier. Il y est parvenu. Ce n'est pas grand, encore moins sublime ; c'est d'un digne et probe artiste.

Les stucs de Serpotta, au premier étage du musée, sont de même ordre. On peut en admirer l'ingéniosité, la vivacité et la perfection manuelle. On ne pourra jamais assez en condamner le mauvais goût exubérant, la facile séduction et le paradoxe artistique. Déjà, en architecture, le baroque repousse. En sculpture, il irrite. Ces anges ou ces Amours, on ne sait pas plus qu'avec Gagini, volant autour des fenêtres comme une mouche affolée, ces guirlandes de bras et de jambes pour le seul plaisir de lever les jambes et les bras, ne se peuvent admettre. Peut-être les accepterait-on mieux dans l'église d'où ils viennent, baroque comme eux ; dans une salle de musée, ils ne peuvent qu'écœurer.

A côté d'eux, la salle arabe, si réduite qu'elle soit, nous rassérène. Stendhal prétend qu' « il faut faire pour les ruines ce que l'on fait pour les hommes à grande réputation : ajouter ce qui manque et faire abstraction de ce qui est ». Or, ce qui manque ici, c'est ce que nous connaissons, c'est la Cuba, dont voici la voûte à stalactites, c'est la Siza, c'est le palais royal. Replaçons ces décors dans ces cadres, et, faisant abstraction de leur dureté présente, nous entrerons alors tout droit dans le palais des Rogers. En voici les plafonds, les boiseries, les fenêtres, les portes ; et voici les objets familiers, poteries et menus ustensiles. Nous touchons ici au vif la vie quotidienne des Normands, nous remeublons leurs chambres, leur intimité. L'intérêt que nous prenons est le même qui nous attire devant les vitrines, où la céramique et le bronze domestique se pressent pour nous enseigner la vie antique, des musées de Rome, de Naples et de Paris. Les vitrines de Palerme débordent de ces enseignements. Le long des corridors, j'ai flâné avec ravissement. La salle des monnaies m'a transporté, non seulement par l'art incomparable de ces pièces d'or, mais aussi par les souvenirs qu'elles évoquaient. Je les voyais passer de main en main, des mains de Denys dans celles d'Hamilcar, de celles d'Eschyle dans celles de Théocrite, et de tous les obscurs citoyens dont elles alimentaient la souffrance ou la joie. Aucune, pourtant, ne vaut, à Palerme, le beau vase de Mazara, dans la salle arabe. Qu'il dût être heureux, le fin Normand, lorsqu'il le mit, un jour, sur sa table ! De son bonheur est faite notre joie présente. Nous assistons à la vie cachée de ceux que nous venons visiter. Leurs monuments nous parlent, mais nous n'osons pas leur répondre. Ici, devant ces vitrines pleines, nous répliquons librement ; notre pauvreté s'enrichit de ces trésors, notre misère humaine qui a toujours besoin de retrouver, pour se supporter, ses passions, ses manies, et de constater, à travers les âges, la même âme avec les mêmes habitudes et les même besoins.

Ce que l'on est d'accord à dire de la sculpture sicilienne moderne, doit se dire aussi de la peinture. Le musée de Palerme est riche. D'une richesse étrangère. Des Guardi, parmi les meilleurs que j'aie vus, d'ailleurs, et quelques œuvres toscanes, romaines, plus ou moins authentiques, mais dignes d'attention. On y voudrait cependant de ces maîtres indigènes qui permettent un arrêt, une étude suivie. Palerme eut une école, si c'est avoir une école que de posséder des peintres. Le plus célèbre, à juste titre, est Antonio Crescenzio, dont l'œuvre maîtresse se voit à la cathédrale, une *Sainte Cécile* que ne renierait pas l'un de ces glorieux Toscans, grâce à l'expression hautaine et à la sévérité des lignes. Il n'est pas un quattrocentiste qui puisse refuser l'ange à genoux, la main aristocratique de la sainte et la mélancolie des lèvres. Derrière Crescenzio se rangent en ordre inégal : Vincenzo di Pavia dont le musée possède une *Descente de Croix* qui veut être dramatique et qui n'est qu'anecdotique, et dont San Domenico montre une *Madone du Rosaire,* lourde, encombrée et sans flamme, mais d'une couleur savante et saisissante ; Novelli, dit le Monrealese, bon ouvrier, et ce n'est pas en dire grand bien que d'assurer qu'il fait honneur à l'école napolitaine dont Ribeira est la gloire ; Tomasso di Vigilia ; Albina ; Rozzolone ; Saliba ; Quartararo ; d'autres encore qui laissent dans la mémoire un souvenir confus de grands gestes désordonnés, de couleur sans accent et de dessin sans rigueur.

La perle de ce musée est une œuvre flamande, connue sous le nom de *Triptyque Malvagna,* du nom de son donateur. On l'a longtemps attribué à van Eyck. Mais quelle est l'œuvre flamande qu'on n'attribue pas à van Eyck, à moins que ce ne soit à Memling? Après, on cause. On a causé de celle-ci, et l'on n'a pas été long à reconnaître que ce triptyque ne pouvait dater de plus loin que la fin du xve siècle. Il m'a semblé, à moi, que ceux qui l'avaient aussi rapidement donné au maître d'Antonello avaient oublié de regarder les volets à l'extérieur. L'Adam et l'Ève qui ornent ceux-ci ne peuvent être de la main qui peignit l'Adam et l'Ève que l'on voit au musée de Bruxelles. Quant au triptyque lui-même, il est d'une finesse, d'une richesse, et d'une préciosité, parfois, qui excluent tout rapprochement avec l'auteur de *l'Adoration de l'Agneau*. Memling lui-même doit être écarté par son réalisme souvent dur, où cette œuvre raffinée ne saurait prétendre. Albert Dürer, pour la même raison, ne peut être admis à l'honneur. Les dernières hypothèses parlent de Mabuse ou de Cornelissen... Ne nous y frottons pas ! Contentons-nous de notre plaisir, qui est grand. L'art ici est achevé; le décor, d'un gothique plus que flamboyant, où déjà les dentelles du baroque peuvent se prévoir, est merveilleux de finesse. Pour lui et pour les anges à la chevelure floche, comme de la soie, on serait presque tenté d'attribuer cette œuvre au XVIe siècle. Et ce qui la signerait flamande, ce serait peut-être l'expression des figures, si calme et douce qu'elle est presque insignifiante. L'œuvre, en tout cas, est aussi caressée qu'une miniature. Elle en a le soin, l'abondance de détails et l'éclat. Dans sa sphère restreinte elle est de premier ordre, et j'imagine volontiers l'enthousiasme qu'elle put soulever lorsqu'elle parvint à Palerme, au temps de Serpotta et même de Crescenzio.

Est-ce aussi un Flamand qui a peint la fresque considérable du palais Sclafani ? Sous les arcades de la caserne qu'est devenu ce palais, un gardien ouvre les lourds volets et découvre l'horrible spectacle. La mort, squelette éperdu, sur un cheval affolé, plus squelettique encore, lance ses flèches avec un emportement de bacchante jetant ses fleurs. A ses pieds, la troupe des humains se presse, causant, riant, aimant. Les flèches tombent au hasard, frappant amants, papes et bourgeois aveuglément. L'imagination macabre atteint ici son maximum de violence. Il faut voir ces visages énormes, fixés dans leur bestialité ou leur vanité ; il faut les voir dans leur taille réelle, pour en comprendre l'abomination. L'insouciance des hommes, qui vivent sans jamais penser à cette mort menaçante, est rendue avec une terrifiante justesse. L'air béat, futile ou stupide de ce monde brillant, que la mort poursuit et atteint au milieu des fêtes ou des plaisirs intimes, est tragique. Le *Triomphe de la Mort* de Pise, s'il est supérieur intrinsèquement, ne saurait atteindre à l'effet de celui-ci. Seul un Flamand pouvait aboutir à ce réalisme impitoyable, sans une concession aux hommes craintifs et légers.

Si j'étais Flamand, j'aimerais à chercher sur cette terre de Sicile, si fortement marquée par les Grecs et par les Normands, la trace des Flandres. Dans quelle mesure se sont produits les rapports avec les pays qu'arrose l'Escaut? En trouverait-on un indice dans les mœurs, dans l'histoire même, dans la société? Il ne me paraît pas possible que l'exode d'un Antonello soit simplement dû au hasard. Les événements de ce monde ne se présentent jamais solitaires. Ils sont nécessités par d'autres, et en provoquent de subséquents. L'utilité de l'histoire est dans la découverte de cet enchaînement qui, seul, édifie. Ce ne sont pas les « cas » qui peuvent instruire, jamais comparables entre eux, même par analogie, mais bien la découverte de lois obscures, toujours pareilles, qui mposent telle conséquence à telle action, ou telle ascendance qui explique celle-ci. Il y eut, au XVe, au XVIe siècle, une fréquentation entre Siciliens et Flamands, qui ne peut s'être limitée à des achats de tableaux ou de marchandises. Les idées voyagent toujours avec ceux-ci. Où sont-elles, les idées flamandes, en Sicile? Le voyageur n'a pas le loisir de les chercher. Il ne peut que constater des faits qu'il soumet aux historiens et aux sociologues. Or, parmi ces *faits,* il en est un que ne signale aucun guide, la collection Chiaramonte-Bordonaro. Le comte Bordonaro est l'héritier des Chiaramonti, vieille famille féodale de Sicile qui se signala dans la lutte entre Anjou et Aragon, et dont le palais, piazza Marina, sert aujourd'hui de tribunal. La galerie Bordonaro est une des plus riches que l'on puisse voir en œuvres flamandes. Peut-être quelques-unes sont-elles d'attribution douteuse ; je n'en sais rien et ne m'en soucie guère. Il me suffit que leur qualité flamande les ait fait recevoir ici, au temps où l'Italie regorgeait de tableaux. Il y avait attirance, facilité peut-être, en tout cas contact assez fréquent et pressant pour exciter l'envie des Siciliens. Ce ne peut être la toquade d'un amateur, lequel avait d'autres soucis en ces temps où la lutte politique était si âpre, qui a réuni ces Téniers et ces Rubens dans l'antique Panorme. Lorsque les siècles à venir trouveront à New-York les plus belles œuvres de nos peintres actuels, ils ne se contenteront pas de remarquer que les marchands français vendaient en Amérique. Les historiens penseront que le goût de l'art français s'accompagnait d'une curiosité française générale, et que, avec ces toiles, bien des idées ont dû traverser l'océan, parce que ceux qui s'en éprirent de ce côté de l'Atlantique ne s'en retournèrent pas avec ce seul bagage. Ce beau Rubens si gras, si lumineux, n'a pas pu déposer sur ces rives cette conception bergeresque de *la Fuite en Égypte* sans choquer des sentiments — qu'il ne choque point ; on est donc habitué à ce heurt des idées. Il en est de même pour *Jésus parmi les Docteurs,* auquel le réalisme d'aucun Florentin ne peut se comparer. La précision, la dureté, la stricte ressemblance, sans idéal cherché, de cet Holbein et de ce Gérard David, devaient fatalement rencontrer une opposition auprès de ces hommes enseignés par l'antique, l'arabe et le byzantin ? Ils les trouvèrent au contraire enthousiastes. C'est donc qu'ils étaient familiers avec cette conception de la vie. Et si je rencontre manifestement dans ce Rubens, dans ce Jean van Balen, *l'Adoration des Mages,* un souvenir des plus riches Vénitiens, c'est une épreuve de plus du frottement que je constate. Quel effet devait faire ce Breughel, d'une joie si épaisse, si pleine d'ivresse, sur ce peuple sobre et fin! Que devait-on comprendre à ces hommes habillés de tonneaux, armés de broches et de soufflets, à ces femmes montrant leur derrière, à ces hommes se soulageant dans les marmites! Et *l'Adoration* de Cornelis Enghelbrechten, avec la Vierge mutine de l'Annonciation et le sein en ballon de la Vierge mère, devait les épouvanter. Ils les aimèrent pourtant. Bien plus, ils appelèrent des Flamands pour décorer leurs palais : les élégances du *Triomphe de la Mort*, de Pise, se transformèrent en l'abomination du palais Sclafani.

La collection Bordonaro contient, outre ces édifiantes œuvres, un ensemble important d'œuvres italiennes, siciliennes principalement. Guardi, Guerchin, Ottaviano Nelli y figurent honorablement, sans parler des tableaux d'atelier dénommés vaguement école florentine, ou même, ce qui n'est pas compromettant, ombriens-lombards, comme cette *Descente de croix* qui ne ressemble pas plus à un Luini qu'à un Pérugin, s'il est vigoureux et d'un art excellent. Pietro Novelli, dit le Monrealese, Jacopo del Sellaio, Solimena, se présentent avec leurs meilleures toiles, ce dernier surtout, dont le *Massacre des Innocents* possède une fougue et une vérité que Dominiquin eût aimées. Les Ribeiras avaient chassé de Naples ce pauvre Zampieri ; malgré eux, ses leçons restèrent. Peut-être mieux que dans les églises et au musée, pouvons nous voir dans la collection Bordonaro ce que fut l'école de Sicile. Et peut-être lui serons-nous, après cette visite, plus indulgents. Le Lombard Civerchio avec sa grande toile expressive, si précieuse pour l'histoire, fait même triste figure auprès de *la Vierge et l'Enfant* de Novelli. Et *l'Adoration* de Sellaio ne laisse pas de rivaliser avec la *Madone* florentine qu'elle côtoie. Il ne faut jamais, en art surtout, se hâter d'être sévère. Il vaut mieux s'efforcer de comprendre le pourquoi des choses, expliquer que dédaigner, pardonner que condamner. En Sicile, l'affaissement que l'on déplore se voit trop dans les œuvres indigènes : le régime politique étouffait tout génie. Il n'étouffait pas toute aspiration cependant. Le *Triptyque Malvagna*, le *Triomphe de la Mort* et la collection Bordonaro nous disent que le feu couvait toujours. Incapable de briller par ses propres forces, il savait pourtant s'enflammer encore. La Sicile ne pouvait plus créer ; elle avait encore le pouvoir de comprendre les œuvres les plus étrangères à son instinct, et de les aimer.

* * *

Mon dernier jour, j'ai voulu le passer dans les jardins, ainsi que j'y ai fini toutes mes journées. Mais il me restait un dernier musée à voir, le musée des Capucins, la plus riche collection de momies de l'univers. On m'en avait décrit l'horreur. Est-ce parce qu'on m'en avait trop dit? Je ne l'ai pas trouvé horrible, ce musée, mais plutôt répugnant. Il y a trop de poussière! On a envie de prendre un plumeau et d'épousseter tous ces corps suspendus. De belles galeries, hautes, larges, aérées, bien éclairées, et qui n'ont rien de funèbre, rien que leur décor. Et pourtant c'est la mort, cela, mais tellement franche, d'une telle invraisemblable franchise, qu'elle ne fait pas peur. Ça n'a pas l'air vrai. Une momie dans sa boîte, au Louvre, peut encore émouvoir. Mais sept ou huit mille momies? Suis-je insensible? Lisez donc la description de Maupassant. Si je renvoie à ce maître réaliste, on ne m'accusera pas de dissimulation.

Et voici l'explication plus ou moins scientifique du phénomène. La terre du lieu décomposerait rapidement les chairs, de telle sorte qu'en moins d'une année il ne reste rien que la peau et les os, peau racornie sur des os séchés. On retire alors de leurs cercueils ces corps momifiés, et on les suspend aux parois des caveaux, les uns par la ceinture, les autres par les bras. Les têtes penchent, se renversent, se tordent, ont l'air de se souhaiter entre elles le bonjour. Et les robes de bure s'agitent au vent.

D'autres cadavres, pourtant, sont couchés sur des planches disposées les unes au-dessus des autres, dans des boîtes de verre, grimaçant aux passants et aux amis, ridiculement vêtus d'habits de parade, toujours tordus comme si le feu les avait dévorés. Maupassant emploie ici des accents tragiques pour peindre les femmes. Je voudrais pouvoir citer toute la page. « Voici les femmes serrées en des bonnets de dentelle... voici les jeunes filles, très vieilles... les enfants... vêtus des petits costumes qu'ils portaient aux derniers jours de leur vie... »

Et les souris de courir là-dedans, quelquefois d'y ronger.

Assez, assez ! direz-vous. Je le disais aussi avant d'avoir vu. Et pourtant le tableau est exact. Il faut seulement en retrancher les épithètes dramatiques. C'est laid, c'est sale, ce n'est pas horrible ni terrifiant. Décidément, il y en a trop. Il est évident, par exemple, que ces « grimaces tordues », sur lesquelles insiste Maupassant, cette « épouvante surhumaine », seraient terribles, si on en voyait cinq ou six. On songerait alors que ces morts ont été enterrés vivants. Mais il n'est pas possible que tant d'humains aient été victimes d'une erreur. On se trouve donc en présence d'un travail obscur de la terre. Il est répugnant, il n'affole pas. Maupassant raconte qu'un ivrogne s'endormit en ce lieu et se réveilla au milieu de la nuit. Il appela, hurla, courut de tous les côtés, cherchant à fuir. On le trouva, au matin, fou furieux.

C'est qu'il était alcoolique. Et je comprends aussi qu'un amoureux de la chair comme Maupassant ait été terrifié. Voilà donc ce qu'il aime ! Ce spectacle est des plus édifiants pour ceux ou celles que tourmentent les sens, je le crois. Pour les autres, il est vilain, sale, repoussant si l'on veut. Il ne peut être épouvantable. On s'en va vite, parce qu'on est dégoûté, et parce qu'on n'est pas intéressé. Je suis parti vivement, craignant la poussière que le vent des soupiraux fait voltiger. Et j'ai demandé au moine, devant une galerie fermée :

— Et ici ? Quels sont ces cadavres qu'on ne visite point ?

— Ce sont les nobles, me dit-il.

Cette inégalité de traitement n'est-elle pas plus triste que tout le reste, cette inégalité dans la mort, cette superstition des « grandes familles » que les passants ne peuvent contempler dans leurs recroquevillages et leurs ridicules postures ?

Tout de même, j'avais besoin de respirer des fleurs. Je suis entré à la villa Tasca, l'un des huit ou dix paradis de Palerme. Luxuriante, traversée d'eaux vives où des cygnes naviguent, ornée d'édicules divers, elle est un séjour charmant, aux arbres vigoureux, d'une végétation qui nous étonne toujours, nous autres descendus du nord rabougri. Nous avons nos forêts, inconnues sous ce soleil. Et pourtant nous sommes émerveillés. Un parc Monceau est aussi touffu que cette villa, que la villa Giulia, que le jardin Garibaldi, que le jardin anglais et que le jardin botanique ; mais ce n'est pas la même chose. Il y a ici une expansion en largeur qui ne se peut comparer avec l'expansion en hauteur septentrionale. Les jardins siciliens, par rapport aux forêts françaises ou germaniques, c'est un peu comme l'architecture gothique et l'antique. Chez nous, on va, arbres ou monuments, chercher le soleil à travers les nuages. Ici, le soleil aplatit arbres et monuments. Et voilà encore une fois confirmé le grand principe que ce bavard de Ruskin n'a jamais compris, de l'architecture climatérique : le gothique est un contresens en Italie, où les arbres se tiennent le plus près de la terre, de la fraîcheur nourrissante. Ils s'épanchent, s'étalent, se roulent et ne grimpent pas. Ce que nous voyons, chez nous, d'ascendant, d'éperdu, est ici couché, alangui. C'est la même générosité, dans l'autre sens. Réserve faite des essences, dont le jardin botanique détient les plus rares et les plus exotiques, comme les caféiers et les bougainvilléas, c'est la frénésie de l'expansion, de l'étirement. De là des ombres bizarres, inconnues, une sorte de gêne pour nos membres inhabitués, et une joie enfantine devant ces larges merveilles.

La Favorite, du moins, la villa royale, n'a pas de ces surprises. C'est un beau domaine, considérable, bien exploité, avec des champs de cactus, d'orangers, de citronniers, que ferment des allées en quinconces. Dans un coin, une salle de verdure au milieu de laquelle se dresse une colonne dorique portant l'Hercule Farnèse ; au milieu, la villa en forme de pavillon chinois. Autrefois, des milliers de sonnettes étaient suspendues aux grilles, aux portes, aux toits. Il n'y a plus de sonnettes, il n'y a plus de meubles, et la fantaisie de Ferdinand est ainsi bien lugubre, — elle serait lugubre si elle n'était si drôle. Son décor intérieur est un chef-d'œuvre d'enfantillage et de mauvais goût : dans une salle du rez-de-chaussée, Ferdinand a fait imiter par le peintre la moisissure des caves... Ailleurs, la table s'enfonce dans le plancher, pour permettre le service sans la présence des valets. Quand on songe que cela servait à Ferdinand et à Marie-Caroline, on ne peut que sourire. Dans la chambre de celle-ci, pourtant, des détails touchants : sur les murs, à hauteur de poitrine, une série de médaillons, l'empereur d'Autriche, Marie-Amélie, François, toute la famille désignée seulement par ces mots : *mon amour, mon souci, mon guide, mon soutien,* etc. A-t-on gratté le portrait d'Acton ? Mais il y eut, dans le cœur de Marie-Caroline, tant d'Actons, et dans ses bras ! Je n'ai pas vu le médaillon de lady Hamilton.

Alors, ayant tout vu, tout respiré, ri de ce qui est comique et admiré ce qui est beau, montez pour votre dernier soir sur le Pellegrino. Il ne faut jamais négliger les pèlerinages. Ils font partie de l'âme populaire, et sainte

Rosalie est encore bien puissante à Palerme. Lorsqu'on parcourt la ville, on rencontre souvent, dans une encoignure, une Vierge entourée de cierges allumés. Les dames qui passent devant, en voiture, en tramway, lui font de petits signes de tête amicaux. Des hommes s'arrêtent, s'agenouillent, ôtent leur chapeau, touchent la vitre ou la frottent vingt fois de leur mouchoir et se signent, tandis qu'une vieille, qui n'ose approcher, envoie des bonjours de la main. Sainte Rosalie absorbe à date fixe cette foi publique, expansive. Sa fête met Palerme en ébullition de longs jours d'avance. Et, le 4 septembre, les flancs du Pellegrino sont foulés par un peuple en délire. La grotte de la sainte, banale chapelle semblable à toutes les chapelles de tous les pèlerinages, étincelle de toutes les flammes et bouillonne de toutes les ardeurs. A l'heure où j'y monte, aucun cortège ne m'accompagne. Et je puis à mon gré regarder Palerme et son paysage. La mer, qui bientôt m'emportera vers Naples solennelle, étend autour de la montagne sa nappe qu'agite et blanchit un inquiétant *greco*. A gauche, Mondello et Sferracavallo, les belles baies aussi généreuses que la Conque d'Or, largement étalée sur la droite. Palerme, serrée entre le Zaffarano et le Pellegrino, le long de sa plage où son port étire les grands bras de ses môles, Palerme offre aux yeux ses clochers, ses jardins et ses fruits étincelants. Je cherche les dômes et les tours qui m'ont tant charmé. Le palais royal, la cathédrale, la Martorana, les coupoles orangées des Eremiti et de San Cataldo scintillent sur le fond violet des monts qui ferment la fertile Conque. Et voici que se dressent des deux côtés, sur la mer et par-dessus les montagnes, le Stromboli et l'Etna, sentinelles ennemies toujours prêtes à verser la mort et la ruine. L'enchantement de Palerme s'augmente encore de ces menaces. Tandis que je redescends vers la ville, je souhaite une formidable colère des volcans, qui me fera jouir plus intensément de la dernière haleine des fleurs.

IX

LA FOSSETTE SUR LA JOUE

Monreale.

Du haut de Monreale, comme du Pellegrino, c'est encore la Conque d'Or qui se déroule à nos pieds. Et c'est toujours Palerme dont on s'amuse à retrouver les sommets. Mais cette fois, la silhouette de la ville et de ses jardins a changé de fond. Au lieu de se détacher sur la ligne mauve des monts, elle se découpe sur l'horizon azuré de la mer, avec une netteté d'autant plus grande que les collines de Monreale sont, au sud de Palerme, inondées par les rayons du soleil. Les terrasses de la cathédrale et du couvent offrent le plus favorable point de vue pour admirer la plantureuse vallée, large baie autrefois, d'où la mer s'est retirée, y laissant tous ses sucs. Le vaste verger d'orangers et de citronniers scintille, fond de coupe de malachite pointillée d'or. Si la Sicile n'avait pas reçu la mosaïque toute faite, elle l'eût certainement inventée. Ces citrons dans la verdure, on les voit à peine, on les devine surtout aux éclairs de facettes qu'ils font dans le feuillage. Et les arbres courts semblent les personnages fantastiques submergeant le fond d'or. De si haut et de si loin, les architectures de Palerme et de sa banlieue donnent assez l'impression des palais grossiers que l'on voit aux murs de San Apollinare Nuovo, à Ravenne, le palais de Théodoric, par exemple, ou bien, aux murs de la Palatine, la Jérusalem où pénètre Jésus. Quelle grasse campagne ! Le sol disparaît entièrement sous les récoltes. On ne peut même distinguer les eaux courantes qui l'arrosent et l'entretiennent verdoyant, tant les arbres sont serrés et drus. Au fond, la tache blanche de la ville dessine une digue, dressée devant la mer pour la protection des champs conquis sur elle. Cependant, à droite et à gauche, des monts s'élèvent, eux aussi envahis à la base, mais peu à peu dégagés, impatients de leur charge, finissant par rejeter tout fardeau, et par dresser leur fière nudité de rocs blanchâtres, que les bruyères sont seules à revêtir d'un somptueux manteau rose. Et, par-dessus les récoltes, le Grifone regarde le Pellegrino, et semble attendre un signe pour se jeter dans la plaine, où il se mesurera avec son rival. Ne se rencontrèrent-ils pas, autrefois, sous les espèces des Carthaginois et des Romains campés, les uns sur le Pellegrino, les autres sur le Grifone, et qui se disputaient la fertile conque? Ils sont d'accord aujourd'hui, et, selon les temps, ils ne rivalisent plus que d'eau fraîche. C'est à qui en filtrera le plus. Leurs enfants ont depuis longtemps mêlé leurs sangs, et Palerme s'abrite avec le même amour sous les deux pères de sa prospérité.

Au soir tombant, les jeux de la lumière sur ces richesses et ces défis sont merveilleux. N'y aurait-il, sur ces premières pentes des monts Billiemi, que ces surprises du jour, qu'il faudrait y monter encore. Il est, en Sicile, une volupté de chaque heure, à laquelle on s'habitue grâce à sa constance, envers laquelle on se montre même bientôt de l'ingratitude la plus noire. Et c'est la qualité, les qualités indéfiniment changeantes de la lumière. De la fenêtre de ma chambre, à Palerme, je vois, droit devant moi, le mont Cuccio, qui est aussi effilé qu'une pointe de triangle. A quelque heure du matin, du jour ou du soir que je l'aie regardé, il a toujours offert à mes yeux les plus diverses apparences, tantôt donnant presque à compter ses pierres et ses arbres, tantôt ne formant qu'une masse bleue, tantôt tout diapré à l'infini des nuances. La pureté de l'air, l'éclat du soleil sont tels que rien ne peut échapper au regard, et que, au moindre mouvement, marche insensible mais continue de l'astre, déplacement des frondaisons sur la brise, tout change, vibre autrement, retourne ses effets et bouleverse ses valeurs. Le spectacle inoubliable du Vésuve, à l'heure du crépuscule, lorsque le monstre solennel semble remonter peu à peu, vers ses épaules, le grand voile lilas que la terre lui tend chaque soir contre la fraîcheur de la nuit, ce spectacle, il n'est pas une terrasse de Palerme d'où l'on ne puisse en jouir à chaque coucher. Du haut de Monreale, il est incomparable, répandu tout alentour de la ville ; on voit la délicate lueur s'élever lentement, se reposer un instant sur quelque cime, s'envoler plus leste de telle autre, incendier des maisons blanches et finalement coiffer les dernières pointes, tandis que, en bas, les oranges s'éteignent, les verdures s'obscurcissent tout à fait et que, au fond, vers l'île de Circé, une ligne blanche encore, argentée, souligne la mer où piaffent, impatients du jour, les chevaux d'Hypérion.

Si les Normands s'enthousiasmèrent si vite pour la mosaïque, au point qu'ils ne tardèrent pas à la travailler eux-mêmes sans le secours des Grecs, n'est-ce pas parce qu'ils assistaient chaque soir à ces combinaisons et superpositions de lumière que l'art de Byzance leur rappelait? Il est, je le sais, admis que les mosaïques de Monreale sont inférieures à celles de la Palatine. « Maladresse dans le dessin et faiblesse dans le coloris », dit M. Charles Diehl, dont l'autorité en ces matières est aussi légitime que souveraine. La comparaison, cependant, ne me paraît pas justifiée. La Palatine est sombre ; Monreale est claire. Ce qu'on voit dans celle-ci au grand jour, net et sans tricherie, possède, à la Palatine, l'avantage du mystère. Pour comparer la Palatine à Monreale, il faudrait que toutes deux se présentassent sous le même angle. Dans le clair-obscur, les fautes de dessin s'estompent, d'une part ; de l'autre, la « faiblesse du coloris », n'est-ce pas simplement une erreur des sens qui voient, mangées par le soleil, ces teintes dont le juste effet ne se peut apprécier que dans le demi-jour, si, comme je le crois, la mosaïque a besoin, pour s'exprimer à son maximum, de l'ombre si ce n'est de la nuit? Pour moi, qui ne suis pas venu ici pour étudier scientifiquement les arts divers, mais modestement traduire ce que je ressens, je ne puis que constater mon plaisir achevé devant cette expression complète d'un art, composé de tant d'éléments empruntés, et parvenu cependant à une personnalité absolue.

Je me suis demandé, à Palerme, ce que les Normands auraient fait si on leur en avait laissé le temps. Après les tâtonnements de la Martorana et de San Spirito, qu'auraient-ils achevé? Monreale, leur dernière œuvre, le montre manifestement. Les mosaïques de Monreale sont peut-être les seules qui soient sorties de leurs doigts propres. Ce coup d'essai est déjà de maître, en dépit d'apparentes hésitations. Je vois bien que ce Christ Pantocrator s'est humanisé. Sa relative douceur, pour n'être pas grecque, n'en est pas moins belle. Les apôtres aussi sont moins farouches. Et les scènes de la Bible ont plus de sérénité. Au lieu d'y voir une défaillance de l'art ancien, j'y verrais plutôt une expression qui se cherche, personnelle aux Normands, une expression latine d'un peuple aux cheveux blonds, plus rêveur, qui ne connaît pas le schisme, qui ne s'est jamais égaré dans les discussions du *Filioque*, a gardé beaucoup plus pure la foi en Jésus miséricordieux, et qui ne voit la divinité que sous des apparences évangéliques et non vengeresses. A Byzance, Dieu est une arme de guerre. En Sicile normande, il est un rameau de paix. Ce Dieu catholique, qui s'accommode des basiliens et des harems, peut-on le concevoir aussi rigide qu'à Byzance ? Peut-être se fût-il, plus tard, affadi, ainsi qu'il est devenu aujourd'hui. Les Normands du moins le gardèrent suffisamment sévère, mais sans *terribilità,* dans l'œuvre suprême de leurs mains.

A quoi bon, d'ailleurs, chercher non pas l'excuse, mais l'explication ? Quelle vanité en présence d'un tel ensemble ! Le décor total et complet, que j'admirais à la Palatine, est réalisé à Monreale sur une échelle vingt fois plus grande. Ce n'est plus un rang, mais tout le collier. Ce n'est plus une chapelle, mais une église entière revêtue de mosaïques et de marbres, sans un manque, sans un oubli. La forme générale est d'une basilique latine. Les Normands ont senti que la basilique est le meilleur modèle à adopter pour leurs églises méridionales. Elles seules ont la simplicité de lignes, la netteté et la franchise lumineuse qui conviennent à ces pays ensoleillés, si francs ! Autrefois, à propos de Ruskin, j'eus occasion de constater, premièrement, le contresens du gothique en Italie ; secondement, la particulière convenance de la basilique aux êtres et au climat d'Italie. Nos pères séquaniens n'avaient pas attendu d'avoir à réfuter Ruskin pour s'en apercevoir. Et c'est le peuple qui transporta son art septentrional en Angleterre, c'est lui qui condamne l'esthète anglais par son adoption immédiate du style latin pour ses églises méridionales. Ce plan logique, sensé, dans le choix duquel se distingue déjà la clarté de la raison française, son bon sens et sa maniabilité, restait à le parer. Le même jugement, la même sanité vont inspirer les Normands. Sur une terre occidentale en quelques parties, ils ont apporté des sentiments septentrionaux qu'ils ont polis au frottement latin ; mais cette terre est au moins autant orientale qu'occidentale, par son voisinage et par sa nature. Terre intermédiaire où les civilisations se coudoient continuellement. Comment ne pas tenir compte de cette fréquentation ? On le voudrait qu'on ne le pourrait pas. Et une fois la conception atavique conciliée avec la conception adoptée, le normand avec le latin, il faut faire la part de l'Orient. Le décor va se plier à cette nécessité climatérique ; il va, au sentiment et au jugement, adjoindre les mœurs.

Le revêtement grec est donc choisi, avec d'autant plus d'empressement que ce revêtement est arabe autant que grec. Je crois bien qu'on dispute encore sur les origines de la mosaïque. Est-elle arabe ou grecque à sa naissance? Les Normands la prirent de toute main. Dans la basilique latine de Monreale, les murs sont donc couverts de plaques de marbre encadrées de dessins multicolores qui font tout le tour des nefs, comme à la Palatine. Au-dessus, sur les murs percés de fenêtres, la mosaïque nuance sa palette et va rejoindre les rondeurs des absides couvertes, elles aussi, de pierres d'or, de carmin, de jaspe, et de tout l'arc-en-ciel. Enfin, les murs droits que portent les colonnes centrales seront, eux aussi, garnis de mosaïques, et les plafonds à poutrelles peintes couronnent l'œuvre entière. Ajoutons à cela les objets les plus intimes, clôtures, sièges, trônes de la même pierre, ou de verre, découpés et incrustés, et nous aurons tout vu, tout compris.

Ce que nous n'aurons pas vu, pourtant, c'est l'éclat incomparable d'un tel ensemble, sa sobriété dans la richesse, son goût dans le faste. Ces six mille mètres carrés d'or, de bleu, de jaune, de blanc combinés et mélangés ne profitent pas, à Monreale, du mystère dont la sombre Palatine nous surprend. Ils sont francs, en plein jour, et ils sont magnifiques. Au fond, embrassant toute l'église de ses grands bras ouverts, l'air plus attentif que méfiant, plus sévère que terrible, le Christ Pantocrator rassemble tout un peuple, les apôtres, les prophètes et sa propre vie. Du fond de la nef majeure, il est superbe à voir, ayant perdu ce qui lui reste de dureté pour n'être plus que majestueux. Lorsqu'il couronne le roi Guillaume, il est plein de mansuétude et de confiance. A sa droite et à sa gauche se déroulent alors toutes les théories des saints personnages et les scènes célestes. Suivant la courbe des piliers qui portent la coupole, avec des retours et des enlacements d'une habileté consommée, c'est toute la vie paradisiaque. Ce cortège de Dieu étant bien ordonné, les scènes de l'Évangile se déroulent dans la partie où s'embrancheront tout à l'heure les transepts, l'Enfance du Christ, la Passion et la Résurrection. Puis, le long des murs des nefs secondaires, les miracles du Christ; enfin, sur les murs que portent les colonnes, la Bible. Les préséances sont impeccables, dans un ordre d'une irréprochable orthodoxie. Quelle finesse prudente et sage dans cette relégation des miracles sur les murs extérieurs, au même rang que les légendes de l'Ancien Testament! Le ciel, la vie du Christ, cela ne se discute point, c'est le dogme. Les miracles, on peut choisir encore. Ils ont un droit à l'hommage, ils n'en ont pas à l'aveuglement. Où qu'on se tourne, où qu'on porte ses yeux, on ne voit pas un coin qui ne soit enrichi, et l'on ne voit pas un coin où la ligne ne soit nette, droite, sèche mais soutenue d'éclat. L'œuvre est achevée. Je n'en dirai pas la magnificence de couleur : la Palatine a épuisé tout mon sac... Je n'en veux retenir que la perfection, la parfaite assurance d'un génie qui, à Palerme, se cherchait, et qui s'est enfin trouvé. Le style arabe a disparu, ou du moins, lorsqu'il subsiste, dans les lambris de marbre, il est tellement traité à la grecque qu'il ne peut prétendre à la particularité absolue. Sans doute possible, les Normands, à Monreale, sont parvenus à la parfaite conscience de ce qu'ils veulent. S'ils ont confié à des artistes indigènes le soin de réaliser le décor oriental, n'est-ce donc pas parce qu'ils entendaient être eux-mêmes enfin ? Dans le plan occidental, ils insèrent le décor oriental, repoussent définitivement de l'œuvre religieuse le style hérétique, et réalisent le monument parfait de leur âme chrétienne, avec ses finesses, avec ses naïvetés, avec sa foi qui ne peut pas n'être pas judicieuse, et qui reste fidèle.

De cet appareil intérieur, quel sera l'extérieur ? Les Normands n'ont pas hésité. Ils ont planté devant la basilique leur portail roman. De chaque côté du mur plein qui ferme la nef centrale, ce mur que le gothique fouillera à l'excès, ils dressent deux tours massives qui annoncent les nefs secondaires. La sécheresse du mur plein, ils la masquent par un portique. Celui que nous voyons aujourd'hui est, je le sais, du XVIe siècle. Mais ce que nous savons de Cefalù nous permet de croire qu'il a remplacé un autre portique de même ordre. Quant aux côtés, en attendant que viennent les contreforts nécessités par la hauteur et le peu de solidité des voûtes ogivales, on en masque la froideur par d'autres portiques. Restait le chevet. Il est le plus beau qu'on puisse voir : les trois absides serrées sans étriquement, d'une raideur bien contenue et couvertes d'arcatures entre-croisées, qui nous montrent à plein comment naquit l'ogive, des arcs se coupant. Une multitude de disques de marbre, dans les parties planes, achève de donner à ces absides l'originalité puissante, d'en accuser le goût nouveau et parfait. Voyez quel progrès depuis San Spirito ! Quelle timidité, encore, dans celui-ci ! Le chevet de Monreale est aussi libéré des dernières hésitations que l'est l'intérieur, par conséquent le monument tout entier. Monreale atteint la dernière limite d'une conception mûrie par un cerveau lucide, au service duquel se mettent des doigts experts. C'est pour cela que je donne la préférence à Monreale sur toutes les églises normandes de Palerme, même sur la Palatine. Je n'ai vu jusqu'ici que des essais, des recherches, pas encore une œuvre au point. La Palatine est achevée, elle n'est pas finie. Outre qu'on n'en peut juger l'extérieur, elle a encore des parties arabes qui nous charment, mais que nous ne pouvons considérer comme définitives. Nous sommes, à Palerme, en Orient européen, mais non pas en Arabie; nous sommes chez des chrétiens, non chez des musulmans. Les Normands ont voulu édifier une église purement chrétienne: ils l'ont élevée, et cette réunion tant cherchée, cette fusion des deux Églises, la latine et la grecque, c'est par l'équerre et le compas qu'ils l'accomplissent.

Ils n'avaient pas, cependant, le courage de renoncer tout à fait à cet art arabe qu'ils ne pouvaient pas ne pas aimer. Les artistes palermitains demandaient à s'inspirer aussi de ces merveilles que les musulmans avaient laissées dans la ville, redevenue chrétienne, et dont les rois ne cessaient de s'entourer dans leur privé. Ne pouvait-on faire servir à la gloire de Dieu ces ogives arabes et ces marbres en fleurs? Qu'ils fussent bannis de sa demeure, soit: mais qu'on lui en fît cependant hommage. A côté du dôme de Monreale s'éleva le cloître des Benedettini. « Deux cent seize colonnettes, dit M. Charles Diehl, accouplées par faisceaux de deux, et, aux quatre angles, par faisceaux de quatre, soutiennent les arcades ogivales, à la courbe décorée d'incrustations en mosaïques, qui entourent la cour verdoyante et fleurie du vieux monastère. Chacune de ces colonnettes est une merveille. Nulle ne ressemble à sa voisine. Ici, d'élégants rinceaux, où se jouent des enfants et des oiseaux, s'enroulent sur la surface du marbre; là, des mosaïques multicolores s'incrustent en zigzags et en spirales sur la blancheur des fûts. Et pareillement, sur les chapiteaux, se développe une floraison merveilleuse, où l'imagination des artistes qui les sculptèrent a résumé toute la religion, toute la poésie, toute la fantaisie de l'époque. Ce sont surtout des épisodes de l'Ancien Testament, Adam bêchant et Ève filant, Abel tué par son frère, l'histoire de Joseph et l'histoire de Samson, et tantôt des scènes de la vie du Christ, celles de l'enfance en particulier, dont l'Adoration des Mages est une des plus charmantes, tantôt des images de saints, de prophètes, d'évangélistes, des figures allégoriques, tantôt des représentations profanes, scènes de chasse et de guerre, monstres fantastiques, griffons ou sirènes, oiseaux et animaux de toute espèce, et tantôt, enfin, des sujets tout antiques : génies vendangeant ou luttant, tritons et dauphins, et jusqu'à une copie du Tireur d'épine et du Sacrifice de Mithra. Sur l'un de ces chapiteaux, le roi Guillaume II est représenté offrant à la Vierge et au Christ l'église et l'abbaye. »

Je sais qu'il n'est pas difficile à un cloître de nous charmer. Si modeste qu'il soit, un cloître est toujours poétique. Et les plus riches, comme ceux de Saint-Paul et du Latran à Rome, de San Martino à Naples, du Mont-Saint-Michel, d'Arles ou de la Chartreuse de Pavie, ne sont pas les plus émouvants. Ceux de San Marco, des Thermes de Dioclétien, de Monte Oliveto, si nus, si sévères, sont peut-être ceux qui troublent le plus. Celui-ci, l'un des plus riches qui existent, n'a rien qui inspire les sentiments pacifiques, renonçants, de béatitude et de paix, qui font des cloîtres l'objet le plus enviable pour notre fébrilité contemporaine. Il répond à la question que je me pose depuis que je suis à Palerme, il résout le problème posé de l'heureuse trinité. A côté de l'église répudiant l'arabe, il rend à celui-ci ses droits, et il le fait si chrétiennement que l'on a pu le comparer au cloître de Sainte-Trophime. C'est un merveilleux sourire africain qu'il dessine, comme le dessinent la Cuba et la Siza. Mais il dessine auprès de l'église, en fossette sur la joue... L'union est faite, l'accord trouvé, la cohabitation, si ce n'est le mélange qui est impie, devenue possible. Et pour l'accentuer, pour bien montrer qu'on sait ce qu'on veut, voici, dans un coin, la fontaine de l'Alhambra ! Nous ne dirons pas, puisque M. Émile Bertaux, dont les travaux sur l'architecture des Normands en Italie ont établi l'autorité indiscutable, ne le veut point, que « l'art normand » s'exprime enfin dans toute sa maîtrise. Mais nous pourrons dire que le génie normand, apportant son idéal en Italie, y a trouvé deux arts différents, et que, en amalgamant les trois idéaux, il est parvenu à s'exprimer d'une manière, si ce n'est originale au sens strict du mot, du moins personnelle, d'une manière, en fin de compte peu banale, puisque, après lui, jamais personne n'a pu réussir une fusion quelconque qui puisse être comparée à celle-ci, qui puisse même en approcher.

X

LES VERGES DE LA DÉMENCE.

Solunte, Cefalù.

AVANT de monter à Solunte, j'ai traversé Bagheria, ayant passé l'Oreto aux ondes pauvres, longé des champs d'oliviers que ferment des haies de cactus, et mangé toute la poussière de la terre. Bagheria, petite ville, donne du moins le loisir de s'épousseter un peu. Autrefois Bagheria était brillante, le Saint-Germain de Palerme. Les volets sont clos aujourd'hui, et rien n'est plus triste que ces casernes veuves. Il est vrai que l'abandon leur donne un prestige que l'animation ne leur permettait pas. Les villas de Frascati, chantées par le président de Brosses, sont des merveilles de bon goût et de mesure auprès de celles-ci. Le témoignage de Gœthe nous éclaire : « L'extravagance du prince Palagonia m'a occupé tout le jour ; ses folies, aussi, sont tout autres que ce que nous avions entendu dire.

Pour en donner une idée complète, nous insérons le relevé suivant. *Hommes*: mendiants et mendiantes, Espagnols, Maures, Turcs, bossus, contrefaits de toute espèce, nains, musiciens, polichinelles, soldats costumés à l'antique, dieux et déesses, individus habillés à l'ancienne mode française, soldats avec giberne et guêtres, mythologie avec caricatures, notamment Achille et Chiron, accompagnés de Polichinelle. *Animaux*: parties d'animaux, cheval à mains d'homme, tête de cheval sur un corps humain, singes défigurés, dragons et serpents, pattes de toute espèce à toute sorte de figures, têtes doubles ou têtes changées.

« Qu'on se figure des masses de pareilles figures, exécutées sans goût, sans intelligence, réunies sans choix, sans intention; qu'on se représente ces socles, ces piédestaux, ces difformités sur un développement à perte de vue, et l'on se rendra compte de l'impression pénible que doit éprouver celui qui passe au milieu de ces objets comme par les verges de la démence. »

Un autre Français, le vicomte de Marcellus, voyageant en Sicile vers 1840, visitait aussi, à Bagheria, la villa Palagonia. Lui aussi passait par les verges de la démence:

« C'est un amas confus de créations fiévreuses, rarement burlesques, presque toujours dégoûtantes. Le palais, ses glaces aux plafonds, ses salles de porcelaine et de coquillages, ses portraits en costumes de tous les temps, sa chapelle, ses fauteuils hérissés d'invisibles épingles valent-ils mieux que les polichinelles, les mendiants, les nains, les dieux en giberne, les déesses en perruque, qui se mêlent aux éléphants, aux crapauds, aux hyènes et aux colimaçons entés sur des corps à peu près humains? Répétons pour nous consoler de toutes ces modernes horreurs, une épigramme de Meli, dont le ton a quelque chose d'antique : « Jupiter regarda du haut de son immense palais la belle villa de la Bagaria, où l'art pétrifie, multiplie et éternise les conceptions avortées de l'imagination la plus bizarre. Maintenant, dit-il, je comprends mon insuffisance; et cependant j'ai créé des monstres tant que j'en ai pu rêver; mais là où ma puissance s'est arrêtée, celle de Palagonia a commencé ».

Vijù, dissi, la mia insufficiensa
Mostri n'escogitaí, quantu putia !

Dans son doux dialecte sicilien, Meli, le Théocrite moderne, maudit « l'avortement » de Bagheria. Non seulement ces abominations ont été tentées, mais encore elles n'ont pas été réussies! On m'offre de m'en montrer quelques restes. Je refuse ; j'ai peur des verges de la démence ; j'en ai peur et honte à la fois, pour les autres et pour moi. Là-haut, Solunte m'attend. Ses ruines dans son paysage, si maigre que soit le spectacle, me satisferont toujours plus qu'Achille allié à Polichinelle.

La montée est rude... Elle est chaude aussi, le long du Catalfano aux flancs à peu près stériles, garnis seulement d'une vigne maigre et d'oliviers sans ombrage. Bordant un vieux pavé, défoncé çà et là, des cactus poussiéreux percent les murs effondrés et ensevelis de la vieille cité. Comme Palerme, Solunte était une colonie phénicienne dressée au-dessus des plages d'Himère, où les Grecs prospéraient avec rivalité. Des Phéniciens il ne reste rien, mais seulement des Romains dont les maisons se devinent encore à des dessins de bases, à des trous : l'on dirait un cimetière dont les tombes ont été rasées, ouvertes pour le pillage. Près du sommet pourtant, les vestiges sont plus importants : colonnes encore debout, fragments épars, mêlés aux rochers, à la terre, à la poussière, envahis d'herbes grises. Dans un coin, enfin, trois colonnes portent une architrave autour d'une aire bien délimitée, et que forment d'importants débris, importants par leur taille. Est-ce un gymnase? Personne ne songe à le contester. Il ne faut pas chercher ici, pas plus qu'à Syracuse, une trace artistique. Les souvenirs, parmi des fabriques aussi réduites, peuvent à peu près seuls embellir ces paysages-là. Et, à Solunte, ils sont rares. Le rôle de Solunte, prise entre Palerme et Himère, ne fut guère que d'une forteresse, d'une place militaire que les Carthaginois, les Grecs et les Romains se disputaient. Et, en fin de compte, sa gloire n'est pas dans ses êtres, mais dans sa posture.

Celle-ci est incomparable, en pendant avec le Pellegrino, et fermant au levant la rade de Palerme. Debout sur les ruines romaines, on voit tous les champs de bataille grecs, latins et carthaginois. A gauche, la Conque d'Or, où les soldats de Metellus décimèrent l'armée d'Hasdrubal et ses soixante éléphants. A droite, la plaine d'Himère où Gélon tailla en pièces l'armée d'Hamilcar. D'Himère, il reste encore moins que de Solunte. Ce n'est pas en ce nord sicilien que nous pouvons trouver des ruines comparables à celles d'Agrigente. Nous ne voyons qu'un paysage généreux, rehaussé de quelque couleur antique, et qui fuit, derrière Cefalù, jusque vers Messine et les reins tendus de l'Etna. En face, la mer mystérieuse et toujours jeune clapote sur les rochers de l'ancien port de Solunte ; la mer, grand professeur de cosmopolitisme, qui engloutit les Carthaginois et les Grecs à Himère, les Carthaginois et les Romains à Palerme, en même temps et tour à tour. Mais, vraiment, il faut ici renoncer à toute mémoire fabuleuse. Sont-ce ces ruines romaines qui dessèchent ce paysage ? C'est bien plutôt la maîtrise normande qui lui donne son caractère moderne, en dépit des souvenirs phéniciens et grecs. Entre Palerme et Cefalù, il n'y a pas place pour d'autres que pour nos frères. Solunte semble ainsi mener au milieu d'eux une vie obscure, ruinée déjà qu'elle était, en grande partie, lorsqu'ils se fixèrent à ses pieds, au bord du flot. Les ruines de Solunte ne sont plus qu'un grandiose point de vue, comme celui du Pellegrino, où les archéologues peuvent encore trouver pâture, où l'artiste viendra aussi, afin de raviver quelques sensations pompéiennes, une Pompei ruinée par plusieurs éruptions consécutives et sans monuments publics subsistants.

Sur une étroite dépression qui s'avance comme un cap au-dessous d'une montagne à pic où se voient encore les restes d'un château normand, Cefalù se presse autour d'une petite rade, d'un port trop ouvert et que, d'ailleurs, Palerme rend superflu. Le sirocco s'est levé, tandis que je me dirigeais vers cette petite cité provinciale, ce gros bourg, dont la cathédrale est la seule curiosité. C'est dans un nuage de poussière que celle-ci m'apparaît, en fantôme, comme suspendue dans les airs, visible par taches seulement, les toits jaillissant et s'effaçant les uns après les autres, par des trouées. On a la sensation d'un incendie dont on sent la chaleur suffocante, et dont la fumée vous cache le foyer. La mer moutonne maintenant, et elle paraît bouillir. Oppressé par ce vent angoissant, les tempes battantes et les yeux cinglés de sable cyclonique, je trouve enfin un refuge dans le monument pour lequel je suis venu, sous les voûtes de la cathédrale.

J'y ai trouvé le refuge, mais non pas la paix. Qu'il est difficile de s'entendre ! Car voici qu'un érudit normand, M. Join-Lambert, m'ordonne de ne plus rien croire de ce que j'avais cru jusqu'ici. Nous en étions, avec M. Charles Diehl, entre autres savants, à une Cefalù contemporaine de la Palatine, c'est-à-dire de la première moitié du XIIe siècle, du temps de Roger II. Nous voyions en elle, j'ai vu en elle, le premier essor des Normands, leur œuvre vierge pour ainsi dire alors que la séduction gréco-arabe, qui va l'emporter aux Eremiti et à la Martorana, leur laissait encore quelque liberté d'esprit septentrional. M. Join-Lambert nous refuse le plaisir de cet enchaînement. D'après lui, Cefalù date seulement de la fin du XIIe siècle et peut-être même du XIIIe, c'est-à-dire de Henri VI et de Frédéric, c'est-à-dire de la décadence normande. Oh ! ce n'est pas sans raisons ! Raisons techniques, d'architecte expert : les croisées d'ogives du chœur, l'arc en tiers point de la nef beaucoup plus bas que l'arc extérieur, et autres irréfutables maçonneries. Cependant, M. Join-Lambert nous affirme que Cefalù est une œuvre normande pure, la seule même véritablement construite par les Normands. De telle sorte qu'il faudrait conclure, si on lui donnait raison : les églises de Palerme, construites tandis que les Normands florissaient en Sicile, n'ont pas été élevées par eux, et Cefalù qui aurait été construite après leur affaissement, après l'abandon qu'ils firent de la Sicile avec Frédéric II, Cefalù serait leur œuvre. La thèse est hardie. Suffit-il, pour l'adopter, de constater des détails de construction ? Ceux-ci ne pourraient être impératifs que si l'on prouvait que Cefalù fût bâtie sans interruption. Fondée par Roger II, qui, évidemment, ne lui accorda pas les soins dont il entourait ses édifices palermitains, Cefalù fut longue à se terminer, et elle profita, pendant près de cent années, des progrès accomplis. Mais changement ne veut pas dire bouleversement, ni amélioration mépris. L'histoire est ici plus forte que tous les tiers-points, qui ne la contredisent point, d'ailleurs, mais la complètent. Au plan de Roger, au plan des Normands, on apporta des modifications de détail sans, pour cela, rien changer à la conception première.

Au haut de seize marches, une large plateforme, fermée de grilles, précède le portail flanqué de deux tours. C'est exactement, sauf les marches, la façade de Monreale où M. Join-Lambert ne veut pas voir, pourtant, de main normande. C'est au nom des apparences extérieures, de l'architecture, que M. Join-Lambert nie l'apport de la première moitié du XIIe siècle à Cefalù, et c'est au mépris de ces mêmes apparences, de cette architecture toute pareille, qu'il refuse à Cefalù et à Monreale les mêmes constructeurs. Depuis mon voyage à Rome, j'ai renoncé à mettre d'accord les spécialistes, non seulement entre eux, mais encore chacun avec soi-même. La ruine que l'on voit sur la pente de l'Esquilin, et classée par des savants sous le nom d'auditoire de Mécène, à cause de ses gradins elliptiques qui s'évasent là où l'on place communément les jardins de Mécène, cet auditoire, sorte de théâtre intime où l'ami d'Horace réunissait, dit-on, ses amis pour leur lire ses vers, passe auprès d'autres savants pour n'être que des gradins à pots de fleurs, comme dans nos serres. Craignons qu'à Cefalù la même aventure ne nous surprenne. En dépit des controverses, Cefalù nous touche autant que ses sœurs de Palerme; elle est bien la sœur de San Spirito et de Monreale. San Spirito fut-il un retour, après des années d'oubli, à l'art de Cefalù, ou Cefalù copia-t-il Monreale? Il ne nous importe guère. A nous, simples passants, il suffit de constater cette fraternité dans le sourire normand, familier à nos yeux, doublement familier, et par Palerme et par la France. La posture ici est tout autre, cependant. Face à la mer, la cathédrale de Cefalù grimpe le long des pentes du rocher. Lorsqu'on passe au chevet, on est au milieu des champs en étages, et la silhouette, d'un élan ramassé, est d'une hardiesse imprévue. Ah! certes, voici bien les arcatures entre-croisées de San Spirito et de Monreale, et ces fines colonnes ornementales des absides, entières cette fois, tandis qu'à Monreale elles sont coupées. Ah! certes, je vois bien les deux transepts qui différencient Cefalù de la basilique purement latine. Plus courte, plus trapue, Cefalù a toute la force de ce que M. Émile Bertaux a si justement appelé « le ciment normand ». Voilà ce qui indique Cefalù une œuvre naïve, où n'a pas encore passé l'éducation latine, ni la byzantine. Les Normands, avant de chercher la fusion, bâtirent selon la coutume de leurs ancêtres. Ils ont élevé sur ces pentes rocailleuses un monument solide, d'une lourde allure, qu'ils pourront alléger après avoir étudié les temples des peuples parmi lesquels il vivent, mais dont ils n'atteindront plus la sérénité. La maladresse même des petites absides, emmanchées sur les transepts, signe leur innocence, de même que le raffinement, à Monreale, des trois étages qui divisent le chevet, des disques sous le croisement des arcatures, et des colonnes coupées, démontre l'antériorité de Cefalù.

J'ai laissé passer ce sirocco archéologique en même temps que l'autre, assis dans le chœur, à regarder les mosaïques, que M. Join-Lambert admire sans réserve. Il évite, cependant, de les dater, se contentant de les attribuer à des « mosaïstes de Palerme ». Comment, en effet, les consentirait-il byzantines, puisque le monument, à son dire, est du

XIIe siècle, d'une époque où, Monreale l'a prouvé, les Normands avaient renoncé depuis longtemps au concours des Grecs pour leurs mosaïques? Je laisse à M. Join-Lambert le soin de s'arranger avec M. Charles Diehl. Le vent ne souffle plus. La poussière ne cingle plus les vitraux, mes nerfs peu à peu s'apaisent, la splendeur si noble de ces figures agit sereinement sur mon esprit. Laissons toute querelle pour admirer sans mélange. J'ai cherché, à Monreale, des explications, peut-être des excuses. Tout tombe, ici, devant la maîtrise. L'abside seule est décorée ; Cefalù n'est pas une œuvre complète. Si elle l'était, tout pâlirait auprès d'elle, la Palatine, la Martorana et Monreale elle-même. Quelle vigueur et quelle majesté ! Le Christ mince, élancé, plus dégagé de son manteau qu'à Monreale, est d'une sobriété hautaine, d'un art parfait. Au-dessous, la superposition, sur trois rangs, de la Vierge et des anges, puis des apôtres, est simple, sans recherche de composition ingénieuse, visant seulement à l'édification, à l'exemple. La tête chauve de Paul, au front ravagé, est d'une puissance fruste. La même disposition naïve, alignement de personnages sans préoccupation de les unir entre eux, se voit sur les côtés où saints, soldats, évêques et prophètes, s'apprêtent à défiler devant Dieu. Raides, hiératiques presque dans les robes sacerdotales, ils s'animent un peu dans le costume guerrier, et les mains ouvertes de la Vierge orante, flanquée des deux anges aux longues ailes rabattues, convoquent, aux pieds du divin fils, la troupe des fidèles. Même pas à Palerme, je n'ai vu cet art de la mosaïque présenté avec autant de fermeté, sous des lignes aussi nettes et sûres. Certains le disent un art barbare. Ah! si l'on voit, sans doute, en le regardant, toute la lignée grecque aboutir à son éclat, on ne peut pas ne pas penser à ce qui fleurit aux rives des Cyclades! N'oublions pas, pourtant, que la couleur comptait pour beaucoup dans l'architecture grecque. Les temples étaient peints, dans certaines parties, de rouge et de bleu. Les Byzantins ne voyaient pas l'architecture des Grecs sans ces rehauts. Et si l'effet de la mosaïque s'augmente de la difficulté matérielle, sachons faire abstraction du tour de force, et comprendre l'incontestable mérite décoratif. Lorsque celui-ci réalise la perfection artistique d'un dessin impeccable et d'un sens de l'attitude, tout autant morale que physique, aussi profond, on ne peut lui refuser son rang qui est, non pas le premier de tous, mais le premier dans son domaine, dans l'ornement.

Et puis... Et puis Cefalù est ma dernière étape normande. Demain je quitterai définitivement les frères hardis et joyeux qui ont donné, dans l'histoire du monde, le plus bel exemple de conquérants intelligents et souples, et qui ont passé en Italie comme un merveilleux météore, dont on ne reverra plus jamais l'éclat charmant et si tendre. Saluons sa fugitive course de nos respects les plus émus. Dans ce dôme de Cefalù, chef-d'œuvre normand décoré d'un chef-d'œuvre grec, pleurons la charmante épopée qui s'ouvre avec les fils de Tancrède de Hauteville, et qui se ferme sur le bel éphèbe dont la statue, par Thorwaldsen, et que l'on voit à Naples, ne permet plus d'oublier le nom, sur la plus touchante figure légendaire de l'histoire, sur Conradin. Le sirocco s'est apaisé; les archéologues se sont tus; les verges de la démence ne nous menacent plus.

XI

DANS LES PAS D'UNE MULE

Segeste.

De Palerme à Segeste, le chemin de fer suit la côte, festonnant les plages pour le plaisir du voyageur, bordant les campagnes fertiles étendues entre la montagne et la mer pour la prospérité des Siciliens. Cette partie de la Sicile est l'une des plus riches en vignes. Marsala achète jusqu'ici les récoltes pour son vin fameux, et le Zucco, aussi célèbre par son propriétaire que par sa saveur, sonne agréablement à nos oreilles françaises sur les lèvres du chef de train. La route est aussi variée que tendre, féconde en détours pleins de surprises et en verdures infinies. La brise marine tempère l'ardeur du soleil, et les monts, très hauts, opposent au sirocco un écran impénétrable. L'air est mol sans fadeur, tiède sans brûlure, pur sans éblouissement. Le petit train s'en va de station en station, le long des flots et des ceps. De belles anses se prélassent, fermées de caps jolis, sillonnées de barques volantes, effleurées de vents qui les frisent et ne les bouleversent jamais. La terre est rouge, le sable de brique claire, et les rocs, plus pâles, dégradent leurs teintes sur l'azur. Le golfe de Castellamare, vaste et profond, offre seul, dans cette contrée grasse et riche, un aspect majestueux. Il reçoit les eaux du San Bartolommeo, que la voie, abandonnant la côte, suit fidèlement entre des croupes douces de collines. Le paysage de ces coteaux est tout autre que dans l'intérieur de l'île, autour des prairies d'Enna. Il est moins tendre, et moins abandonné pourtant. On y voit la trace du travail à chaque pas. Des paysans sur leur âne sillonnent les routes, et le damier des champs, bien découpé, accuse leurs soins constants. Autour d'Enna, l'herbe croît, fraîche à voir, mais il n'y a pour la tondre que de rares troupeaux. Ici, il y a peu de troupeaux, en revanche on y rencontre des laboureurs. Et lorsque, descendu à la station qui porte le nom des ruines de Segeste, on se dirige vers celles-ci, le long du Caldo, l'antique Crimissus, on a la sensation d'une course à travers nos campagnes du Morvan, que des oliviers et des cactus situent seuls dans les pays heureux du soleil.

De Calatafimi, une voiture est venue me prendre, invraisemblable tilbury sans ressorts et qui, dès le trot, me secoue d'un tangage précipité. J'ai beau m'accrocher aux bastingages, me suspendre sur les poignets, rien ne me soulage de cette trépidation horizontale, au point que je songe un moment à me coucher dans le filet qui pend entre la caisse et les brancards. Huit kilomètres de ce va-et-vient assez semblable au mouvement d'une bielle folle, et me voici au bord du fleuve dont je veux maintenant franchir les eaux en sautant de pierre en pierre : ces mouvements verticaux me reposeront du moins des autres. Et qu'est-ce que ça fait! Je viens d'apercevoir, là-bas, sur le fond des monts, le temple solitaire. Du haut de mon siège, il dansait avec moi comme en un cinématographe ; il me tarde de nous arrêter tous les deux. Je repousse le cheval habile à traverser le torrent. Plus de monture ! Sous les yeux des paysans déconfits, et qui espèrent que Jupiter me punira de ma rapacité, j'invoque les compagnons français de Garibaldi, qui s'illustrèrent sur ces bords par leur courage. Je me sens intrépide, et, à défaut d'héroïsme, je me distinguerai du moins par de l'agilité.

Calatafimi, derrière moi, étalée sur la croupe

d'un mont, Calatafimi à qui fut due, selon l'histoire, l'arrivée des Sarrasins en Sicile, trahison qu'elle racheta, voici cinquante ans, par la victoire des Mille sur Ferdinand, Calatafimi me paraît donner une image assez juste de ce que fut Segeste, de sa posture au milieu de ces vallons. Il ne reste rien de Segeste qu'un temple et un théâtre. Transportez, cependant, les maisons de Calatafimi autour de ces monuments, et vous aurez une idée assez exacte de la ville phénicienne que Rome adopta par amour d'Énée. Virgile, au cinquième chant de l'Énéide, nous en conte la touchante histoire. Parti de Carthage, Énée aborde une seconde fois au pied de l'Éryx, pour y célébrer des jeux en l'honneur de son père Anchise, mort sur ce rivage lors du premier passage. Mais une partie de ses compagnons sont las de ces courses vagabondes et sans fin. Junon excite la colère des femmes, qui mettent le feu aux vaisseaux d'Énée. Sans flotte, on n'ira pas plus loin ! Énée, gémissant, invoque les dieux, qui lui répondent par la voix du vieux Nautès : « Près d'ici règne un roi de sang troyen, Aceste. Il sera heureux de peupler son royaume, jusqu'à présent sans sujets. Laissez ici tous ceux qui redoutent de plus longues aventures, les femmes, les vieillards ; ils fonderont une ville sous le gouvernement d'Aceste, et vous, accompagné seulement d'une jeunesse intrépide, vous accomplirez vos destinées italiennes :

> « Longævasque senes, ac festas æquore matres,
> Et quidquid tecum invalidum metuensque pericli est,
> Delige, et his habeant terris sine mœnia fessi :
> Urbem appellabunt permisso nomine Acestam ».

Aceste devint Egeste, et Segeste enfin. Ville de femmes et de vieillards, est-ce à cette origine débile que Segeste doit son histoire peu glorieuse dans les fastes siciliens? Mais les poètes sont menteurs. Thucydide se charge de la véridique prose :

« Après la prise d'Ilion, des Troyens, échappés aux Grecs, y abordèrent ; ils se logèrent sur les frontières des Sicaniens et prirent le nom d'Elymes : leurs villes sont Eryx et Egeste. Il se joignit à leur population quelques Phocéens qui, au retour de Troie, furent chassés par la tempête dans la Libye, et de là passèrent en Sicile ».

Admirable puissance du génie poétique ! Quelques Phocéens, échappés de Troie, furent poussés par la tempête dans la Libye, et c'est Énée à Carthage ! De là ils passèrent en Sicile, où ils trouvèrent un de leurs compatriotes déjà installé, et c'est le cinquième chant de l'Énéide, c'est le tombeau d'Anchise, les jeux funèbres et la fondation de Segeste !

Ainsi, le long du sentier raboteux qui contourne le Barbaro où s'élevait cette ville de vieilles femmes que torturait le mal de mer, ainsi je médite sous un soleil de plomb et sous les encouragements d'un brave Allemand, juché sur une jument pacifique, et que le hasard vient de me donner pour compagnon de visite. Au dernier détour, bien en face de nous, le temple enfin apparaît. Assis sur un plateau solitaire, solitaire lui-même au milieu des herbes, il rassemble tout un paysage où, sauf la maison de son gardien, ne se voit nulle trace humaine. Le rocher sur lequel il a été construit siège parmi d'autres rocs plus élevés, mais si bien disposés autour de lui qu'ils semblent, tous, avoir été réunis par la main des hommes, et le rocher lui-même roulé jusque-là pour y asseoir le temple au milieu. Le cirque est entier, ou plutôt le théâtre est complet. Toute la nature, montagnes et leurs moissons, rangées en ellipse, sont tournées vers une haute paroi calcaire, droite et surplombante, de laquelle, sur son rocher, le temple se détache comme d'un écran. Assis sur la plate-forme basse, presque dans un fond, adossé à la montagne qui le protège sans l'écraser pourtant, l'édifice sacré peut contempler tout un peuple qui s'alignerait en face de lui, surveiller un important domaine dans tous ses replis. Il n'y a plus de peuple. Les sujets du royaume sont partis. Segeste n'est plus. C'est en vain que le roi, du haut de son tertre, attend le défilé. Il ne vient même plus de fantômes sur cette terre oubliée. Seul dans cette solitude, immuable dans ces champs aux fleurs diverses et éphémères, intact dans ces ruines saccagées, il ajoute, de par sa posture, à sa noblesse native, une olympienne superbe.

A mesure, cependant, que nous montons vers lui, il grandit, comme s'il se levait peu à peu sur ses jarrets repliés, et ouvrait les bras. Il élargit l'espace qu'il dégage de plus en plus, autour de lui, et, lorsque nous nous asseyons au pied des degrés, alors, emplissant tout l'horizon de ses ailes déployées, défendant toute approche, il est véritablement l'aigle royale qui se dresse sur son aire. L'essaim qui l'épiait attentif prend un vol épouvanté, et fuit vers les roches lointaines d'où l'on pourra regarder sans frémir. Tout à l'heure il semblait pressé sur son plateau, serré, étouffant un peu. Bien dégagé maintenant, on dirait que, sur un signe de sa main, il y ait eu éparpillement de montagnes, par respect de ses méditations et de son repos. On lui a fait place, tout balayé autour de lui. Le dieu ne doit pas se laisser toucher ni voir de trop près. Et ce qui, d'en bas, paraissait un amas de collines entassées autour du trône, devient de belles croupes infléchies, qui montent sans hâte vers des sommets arrondis, descendent avec paresse vers des torrents flâneurs. Le pic lui-même, auquel les vieilles colonnes trouées semblaient tout à l'heure accolées, la haute paroi de calcaire, s'est reculée : un ravin précipité sépare le temple de son écran. Il est seul, inimaginablement seul dans ces lieux abandonnés, mais il suffit à les peupler. Il le sait bien ! Lorsqu'on lui donna ces paysages en gouverne, il ne tarda pas à haïr les hommes étrangers qui l'avaient recueilli à sa naissance, et emporté si loin de sa Grèce natale. Si c'eût été du moins pour le confier à des frères ! On l'abandonna aux Phéniciens, aux pires ennemis de sa patrie. Tandis que Syracuse, Akragas et Selinunte retentissaient des tumultes doriens, ses portiques ne renvoyaient que des échos barbares. De la grande lutte entre les colons grecs et les indigènes, dont nous avons vu à Syracuse se dérouler les phases, il n'entendait que les clameurs carthaginoises. Segeste, sans doute, avait été de celles qui appelèrent les Athéniens. Mais elle le fit contre Selinunte, qu'attaquaient les Carthaginois, et, au premier échec, elle se jeta dans les bras des fils de Didon. Son recours aux Romains contre Carthage fut un appel aux ennemis héréditaires de la Grèce, aux fils d'Énée le Troyen. Le temple, cependant, ne se laissa pas leurrer de vanité. Sa présence au milieu de cette colonie asiatique ne témoignait-elle pas de la maîtrise grecque? Cette royauté lui semblait esclavage. Là-haut, derrière lui, sur l'Éryx qui donc trônait? L'Asthoret des Sémites! Ces voisinages pesaient à son cœur ionien. Et peu à peu les hommes se lassèrent de son visage chagrin. Ils se sentirent étrangers sous son ombre. Le désert régna.

Aujourd'hui, seul, glorieusement seul, il commande du moins à une nature qu'il sent égale à lui, et fraternelle. S'il nous accueille, c'est qu'il a deviné notre hommage d'une pureté gréco-latine. Et c'est en souriant qu'il nous invite à regarder son bon royaume de moissons et de pâturages. Les arides rochers de la Grèce, où ses pareils sont restés, il ne les envie plus. Cette prospérité à laquelle il préside, n'est-ce pas celle qui couronnait autrefois le Parnasse et l'Ilissus? Il rassemble des aspects séants à sa beauté. L'harmonie entre lui et le paysage est totale. Et l'on ne peut être que touché, puisque de telles passions ne peuvent nous atteindre, du grand effort accompli, pour se hausser à la civilisation grecque, par les Phéniciens émigrés. Si, par aventure, Thucydide, autant que Virgile, nous abuse, si cette partie occidentale de la Sicile fut habitée par un peuple indigène, les Sicanes, l'essor est plus admirable encore, de ce peuple pourchassé et possédant le sentiment assez juste du beau, pour reconnaître la supériorité du vainqueur et adopter ses architectures, pour comprendre que celles-ci exclusivement, au milieu d'une telle nature, convenaient. Planté sur la plate-forme, le temple de Segeste aligne ses colonnes et ses frontons sévères devant la solitude, qui fait sa fierté et lui prête son mystère. Au milieu d'une oasis où aucune route ne mène, loin de toute chose comme de tout être, il vit éternellement de sa grandeur sans rivale. Sans doute il se rehausse un peu de cette posture unique. Girgenti se voit de tous les temples d'Agrigente. Girgenti et Porto-Empedocle, et la mer sillonnée. Ici, ni ville, ni mer, rien que lui, dans le désert. Pendant quatre mois de l'année, entre midi et trois heures, chaque jour, cinq ou six pèlerins viennent lui faire leurs dévotions et l'interroger. Aux autres heures et saisons, il rentre dans son mutisme et dans son farouche isolement. Il se plonge dans l'harmonie dont il donne le signal, perdu au milieu des rocs, noyé dans les verdures ; du moins ses soupirs d'exilé ne réveillent aucun écho railleur. Quelques chèvres, des éperviers, égayent quelquefois son repos, distraient ses sombres pensées. La menthe, le fenouil, le colchique et l'ellébore le caressent et l'embaument. Lorsque le vent fait gémir ses pierres, ce sont des vers de Théocrite, chantre du Crimissus, qui retentissent. J'ai cueilli, entre ses marches, une petite plante verte, découpée comme le persil, et mon compagnon, le bruyant Allemand à la modeste jument, a souri de mon trouble, dont il ne comprenait pas la socratique émotion, tandis qu'il me criait:

— Faites attention, c'est de la ciguë !

Le dieu, pourtant, a gardé près de lui, mais à la condition qu'il ne s'offrît jamais à ses regards douloureux, un frère dont la consanguinité lui inspire cette tolérance. La discrète jument me précédant, j'ai gravi le mont Barbaro, sur lequel Segeste autrefois s'étageait. Les pierres qui roulent sous le poids du Germain, glorieux comme un Carthaginois, sont-ce les pierres mêmes dont étaient faites les maisons que les vieilles femmes d'Énée édifièrent? Nous grimpons longtemps parmi les éboulis. A chaque tournant, je me retourne : le temple est toujours là qui me regarde et semble me demander ce que je pense de sa dévastation. Trapu maintenant, dans ce ramassis que lui donne la distance, il s'est rassis sur son trône, après l'accueil, mais il ne me perd pas de vue. Au moment où je vais disparaître, je lève vers lui un bras respectueux, et de la pointe de son fronton s'envole une corneille qui, d'un cri joyeux, me répond pour lui et s'envole à ma droite, en souhait de bon retour.

Au sommet du Barbaro, le théâtre grec descend ses gradins sur le penchant opposé au temple, à qui il tourne le dos. Tout blanc du calcaire dans lequel il est taillé, il n'a point la large ampleur de son frère de Syracuse. Et l'on s'étonne un peu de ces gradins étagés presque à pic. C'est que, à cette place seulement, on avait trouvé l'harmonie nécessaire. Voici toujours les monts que commande le temple, mais du haut de ces pentes ils apparaissent en fond de scène, et, par une brusque déchirure, ils laissent apercevoir l'azur de la mer. Ce je ne sais quoi d'angoissé, qui vous oppresse autour du temple, a disparu. La mer, la noble mer tant labourée par les hommes agités vre un horizon d'infini, qui vous allège. Le golfe de Castellamare, au bout de la vallée du San Bartolommeo, prête à ce paysage sévère une grâce allègre ; il le peuple de ses eaux, le réjouit de ses voiles ; il fait vivre enfin cette mort farouche que le temple rageusement maintient. J'ai vu, déjà, à Taormina, la beauté incomparable des rivages en décor de théâtre. Je la vis toute proche ; ici je la vois lointaine, non plus en portants, mais en toile de fond. Pendant que les vers nombreux et tragiques retentissaient à ses oreilles, le peuple contemplait l'harmonie et la paix des ondes. Comme elle parlait à ces hommes, Grecs ou Phéniciens, venus de rives ioniennes, cette mer dont les malheurs d'Ulysse ont résumé la terreur, le bienfait et l'amour ! La vie sans elle était, pour eux, inutile et vaine. Ils l'associaient à tous leurs travaux. Lorsqu'ils riaient, c'était vers elle qu'ils levaient les yeux ; ils lui montraient leurs dents joyeuses. Pour l'apaiser, ils la conviaient à partager leurs joies. Si loin de ces montagnes, elle bat pourtant les gradins blancs que les clameurs d'Oreste ont fait retentir. Dans quelle juste mesure résonnaient ici les soupirs d'Agamemnon, implorant les vents favorables qui lui permettraient d'épargner Iphigénie ! En ce moment, la chaude haleine du sud embrase l'air autour de moi, et je me tourne aussi vers la mer pacifique pour lui demander ses brises.

Là bête et son conquérant germanique se sont ébroués. Il faut partir. Nous descendons le Barbaro, dévalons les chemins torrentueux qui mènent à la rivière, où je renouvelle mes prodiges d'agilité, et, saluant mon superbe compagnon vissé sur sa silencieuse monture, je lui tends une branche en fleur de fenouil :

— Pour votre mule.

XII

L'AMAZONE DE TERRE CUITE

Sélinunte.

DEPUIS une heure, la voiture dans laquelle nous sommes montés à Castelvetrano, dès le bon matin, roule entre des haies de cactus, le long de champs bien ensemencés, sur un terrain plat à perte de vue. Les Pignatelli, qui eurent un pape, sont les possesseurs de toute cette contrée. Elle est fertile en richesses tangibles. Le sera-t-elle tout à l'heure, pour nous, des seuls biens que nous estimions, aujourd'hui du moins, l'idéal et la beauté ? Ainsi nous nous interrogeons, mon compagnon et moi, en regardant danser, dans les filets posés sur les coussins de la calèche, les sandwiches et les fiaschi de notre déjeuner. Le ciel est bas et gris. Une brume tombe de temps en temps, en rosée, sur nos fronts inquiets. Un repas pris sur le champ d'une métope, et même sur les arêtes des triglyphes, a bien de la saveur.

Il en a moins lorsqu'il est mouillé. Et nous déplorons que les Pignatelli n'aient pas ménagé, au long de leurs prés, quelque bouchon, fût-il primitif. La plaine est morne, languissante et vide. Le ciel, cependant, reste hésitant. Les nuées, au loin, sont de ce violet épais que, Français, je connais bien. Mais je veux croire que, en approchant de la mer, elles se disperseront. Et puis, en Sicile, cette noirceur n'a peut-être pas la même signification qu'en France... J'ai beau interroger le jeune Italien que le hasard vient de me donner pour compagnon, il ne veut pas se prononcer. C'est qu'il a peur ; et sa discrétion n'est qu'une politesse attentive à ne pas décourager l'étranger. Enfin, il se décide :

— Ne vous semble-t-il pas préférable de voir les ruines de Selinunte sous les larmes des dieux ?

Je suis fixé. Il pleuvra. Il pleut. Pas assez pourtant pour que nous fermions la voiture, qui roule, roule, interminablement, entre les haies, dans le désert des campagnes où pas une seule cabane ne s'aperçoit. Nous devenons à nos propres yeux des manières de héros. Depuis les longs jours, si rapides, que je cours la Sicile, voici les premiers nuages. Je ne les croyais pas possibles. Et je songe, en me disant que demain je tousserai à fendre l'âme, je songe à ma fierté :

— Cette bronchite, je l'ai prise à Selinunte !

Et on ne me croira pas ! La vie est injuste, les hommes méchants. Mais rêver est si bon ! Et ce rêve, que je touche, c'est la ville morte où je vais entrer, une ruine sans tourniquet, sans visiteurs, et à peine exhumée.

Tout à coup, au dernier tournant, comme si le ressort de la voiture nous déclanchait, nous voilà tous deux debout, piétinant nos nourritures. Ah ! nous arrivons trop tard ! Si ces cavalli eussent été moins rossards, nous l'aurions vue debout ! Selinunte est une ruine, oui, mais elle ne l'est, sûrement, que depuis cinq minutes. L'effet est prodigieux. Quelle invraisemblance qu'un tel amas de pierres colossales et nues, sans herbes croissant, et dans des postures aussi désordonnées, soient ainsi entassées depuis des siècles ! La catastrophe vient d'avoir lieu, j'en suis sûr. La colonne, l'unique colonne encore debout l'atteste. Elle va tomber à son tour, sur les autres, parmi ces blocs qui se chevauchent. A Pompei, la ruine a été balayée, époussetée, rangée. Ici, c'est le cataclysme encore vierge. A Taormina, à Syracuse, à Agrigente, à Segeste, j'ai vu des débris nettoyés et tenant bon. Ils sont, à Selinunte, dans leur premier état, tels que la nature les a semés, intacts dans l'effondrement. On est venu, depuis un siècle, pourtant, y chercher les merveilles qui font la gloire du musée de Palerme. Bien certainement, l'écroulement n'était pas ce qu'il est ce matin. Puisque je n'ai entendu aucun bruit, je concède qu'il date de la dernière nuit. Je ne puis accorder davantage, tant l'aspect est d'immédiat. Ma sensation est la plus nette : je ne puis croire qu'une telle ruine ait été respectée par les hommes. Nous n'avons pas l'habitude de laisser les décombres en paix. Et la disposition des blocs les uns sur les autres est telle qu'ils paraissent, non pas seulement renversés d'hier, mais encore dans le mouvement de la chute. Ils tombent encore, déséquilibrés, se tenant entre eux par leurs angles ; mais tout à l'heure ils s'aplatiront sur le sol et se rangeront, si ce n'est méthodiquement, du moins logiquement. La ruine n'est pas faite, elle se fait. Elle en est à la culbute ; elle va se disperser. On dirait les pierres gigantesques d'un chariot divin qui vient de basculer et que, tout à l'heure, les Titans aligneront. L'homme n'a pas encore eu le temps d'accourir, ou il attend que les tassements se soient produits. Patience, et je jouirai bientôt d'un beau spectacle !

Mon compagnon, cependant, me tire par les basques :

— Nous reviendrons ; allons d'abord à l'Acropole...

— Vous vous êtes levé, vous aussi !

— J'ai craint que, comme ces temples, vous ne vous fracassiez...

La voiture nous entraîne et nous nous émerveillons de cette sensation commune, donc bien véritable, que donne le premier aspect de Selinunte, cette sensation de récent, de la dernière seconde. Si la pluie était d'orage, si le fils de Saturne jouait avec sa foudre, nous n'aurions eu aucun doute : le tonnerre serait le coupable aujourd'hui. Et mon compagnon me dit :

— Ainsi, dans deux mille ans, on ira voir Messine, et l'on éprouvera ce que nous ressentons à cette heure devant ces écroulements. Quelle belle leçon nous donne la nature ! Quelle humilité doit être la nôtre, à nous si passagers et furtifs sur cette planète, et dont l'œuvre est si éphémère, tandis que, éternelle et immuable, la terre garde à ses ruines, après deux mille ans, la plus tendre jeunesse !

— N'est-il pas temps, dis-je à cet inconnu à qui je tiens, depuis plus d'une heure, des propos enflammés, n'est-il pas temps de nous connaître ? A la mode allemande, présentons-nous : *Mein Name ist...*

Il sourit et répond :

— Non ; plutôt à la façon d'Homère. Noble étranger, je suis Paolo, fils de Savj-Lopez. Je demeure dans l'orientale Catane, où se trouve une montagne prodigieuse qu'Encelade secoue incessamment, et qui a nom Etna. Une jeunesse attentive, assemblée autour de moi, écoute les chants, que je lui traduis et lui commente, des poètes étrangers dont s'honore l'âge que nous appelons moyen, comme s'il était, pour les dieux et pour le génie, des limites dans le temps !

A travers les hautes herbes, la voiture descend vers la mer, dont nous entendons le mugissement et dont l'écume, sur la crête des vagues, semble un vol de mouettes pêchant sa nourriture. A droite et à gauche d'un bas promontoire, deux plages s'évasent. Elles dessinent l'embouchure des deux fleuves qui bordaient l'antique Selinunte, l'Acropole, en dehors de laquelle une ville nouvelle, celle à laquelle appartenaient les temples que nous venons de frôler, s'était bâtie. L'un de ces fleuves se déversait dans le port antique, aujourd'hui complètement ensablé, sans aucun reste visible de ses quais. L'autre, c'est le Modione, l'antique Selinos qui donna son nom à la ville de Pammilus. Entre les deux, le cap s'avance, nu, sans un arbre, sans récolte, rien que des herbes de dune.

Nous sommes seuls au milieu de ce désert, au haut du promontoire, devant la mer courroucée, dont les vagues et le vent balaient le rivage. Là-bas, devant nous, c'est Carthage, et le flot semble envoyé par elle pour achever la ruine, nous en chasser aussi. Carthage, implacable dans ses haines, ne veut même pas de nos hommages. C'est elle qui a réveillé Éole et Neptune pour qu'ils nous submergent de leurs orages. De chaque côté, la ligne jaune des sables, plages charmantes et sinistres à la fois. La mollesse de ces dunes n'a pas l'aspect des choses naturelles. Elle est renflée sans l'arbitraire et sans le colossal de ces sortes de paysages marins. A leurs bosses courtes, à leurs arêtes vives, on en devine les dessous humains. Le vert sale de la mer grondante semble tout chargé encore de cadavres décomposés.

Tournant alors le dos à Carthage, méprisant sa colère et dédaigneux de ses défenses, nous marchons vers les ruines. Cinq temples sont, non pas devant nous, mais à nos pieds, ruisselants comme nous, comme nous intrépides. Comment en faire comprendre la ruine? Les archéologues eux-mêmes ont désarmé. On connaît leur fureur de précision. Temple de Hiéron, temple de Junon Lacinienne, de la Concorde, de Jupiter, c'est un jeu pour eux que de distribuer des noms. A Selinunte, ils ont reculé devant ce baptême. Ils ont eu honte, une fois, de leur scientifique présomption. Et c'est au moyen de lettres qu'ils ont avoué leur impuissance. Temples O. A. B. C. D., ainsi dénomment-ils les ruines de Selinunte. Cette sagesse nous prévient, mieux que toute description, de ce qui attend le visiteur de Selinunte, quant à l'aspect des débris. Ce n'est plus qu'un monceau de blocs formidables répandus. Le dessin de chaque temple est net encore; chacun a sa personnalité, mais seulement sur le sol, où le pavé est à peu près entier, où l'aire du monument est presque intacte. Mais plus rien n'est debout, plus une seule colonne n'est restée droite. C'est à peine si, quelquefois, la base de l'une tient encore au stylobate. L'écroulement est total, invraisemblable de violence et de force. Très rapprochés, les temples sont tombés les uns sur les autres, mêlant leurs ruines, chaos vertigineux, qui donne l'image du monde avant que Dieu l'ordonnât. Les yeux papillotent, cherchent leur pâture, quelque chose à fixer, à circonscrire, quelque chose d'humain enfin.

Peu à peu on se raccroche à un repaire; on suit la ligne creuse des listels, et l'on parvient au chapiteau, « ce chapiteau dorique, selon la parole de Renan, la plus belle chose que l'homme ait jamais inventée ». Une colonne reconstituée, on passe à la suivante, puis à la troisième, et insensiblement le temple se forme. Le voilà complet; il se dresse aussitôt, et nous le voyons taillant de larges bandes d'azur ou de mer écumante. Alors nous montons sur les pierres écroulées. De l'une à l'autre nous sautons, toujours plus haut, pour atteindre la plus élevée, d'où nous dominons enfin le champ du carnage.

Le spectacle est terrifiant. Toutes ces colonnes à terre, ces cent et quelques colonnes sont, en effet, couchées toutes dans le même sens. Celles du portique gauche du premier temple ont culbuté à droite, sur le pavé de celui-ci; celles du portique de droite sont tombées entre le premier temple et le second, tandis que leurs chapiteaux ont roulé entre les colonnes du portique gauche du second temple, lesquelles se sont jetées au centre de celui-ci, tandis que ses colonnes de droite ont rebondi entre lui et le troisième temple, qui s'est renversé à son tour, dans le même ordre, sur le quatrième. Cette égalité dans la chute, cet alignement de la ruine sous une même impulsion, est stupéfiant. On dirait que le vent de la mer, un vent fantastique, a tout d'un coup soufflé avec une telle rage que rien n'a pu lui résister. Comme des capucins de cartes au pfft ! d'un enfant, comme une rangée de mannequins sous la même pichenette, comme des soldats de papier sur la table, comme des poupées au massacre, ces monstres de pierre se sont, un jour inconnu, dont l'histoire n'a rien conservé, étendus sur le sable. Étaient-ils fatigués de vivre? La terre était-elle lasse de les porter? Seul, un cataclysme naturel a pu causer un tel désastre rectiligne et pareil. Il a dû se produire ici, au moment où les ruines carthaginoises étaient abandonnées, un *terremoto* épouvantable, une oscillation sismique dont il est impossible de se faire l'idée. On concevrait encore cette secousse rompant l'équilibre en hauteur, et les colonnes s'affaisant. Mais non ! elles se sont couchées, comme si cent Samsons, l'épaule appuyée, avaient poussé tous en même temps, dans un han ! au commandement, à moins que trois mille hommes, suspendus à des câbles, n'aient tiré avec des ho ! hiss ! bien rythmés, d'une seule voix. Et l'on ne sait rien ! Nulle autre trace de ce bouleversement formidable. La côte, l'intérieur des terres ont dû être transformés ; on ne sait pas. Les fleuves ont dû être refoulés ; on l'ignore. La campagne a dû perdre tous ses fruits ; personne ne l'a dit. C'est le silence, la nuit complète. Le désastre est là, et c'est tout. Il est évident, palpable, impossible à mettre en doute. On a voulu, un moment, l'attribuer au sac de la ville par les Carthaginois, en 409. Comment croire qu'ils auraient songé, même s'ils l'avaient pu, à si bien ordonner leur attentat ? Seuls les mouvements mystérieux de la nature peuvent expliquer. Expliquer ! Là est l'angoissant, ce qui abêtit : on ne peut expliquer. On suppose des causes cachées parce que l'esprit a besoin de répondre, toujours, aux questions qu'il pose. Mais, parler des forces obscures de la terre, est-ce répondre ? On se sent aussi incapable de résoudre ces problèmes que d'en éviter les contre-coups. L'humeur peccante de Diafoirus trouve ici sa justification. La ressource est faible ? On s'y raccroche pourtant, parce que rien ne peut justifier ce qu'on voit, devant la raison humaine. Cela ne correspond à rien qui habite ordinairement notre esprit, ne se reconnaît dans aucun des compartiments où nous distribuons nos acquisitions et nos sensations. Messine elle-même ne peut donner l'idée de cela. Messine, c'est de la vie encore! Ici, par la mort d'alentour, si ancienne, légendaire déjà, l'obscure colère semble s'être acharnée sur des ruines déjà mortes; des éléments sont venus achever l'œuvre des barbares et ruiner des débris vides et saccagés.

Mon compagnon, pourtant, s'est penché et a cueilli une petite plante, qu'il me tend :

— Prenez ce selinos, que vous appelez ache en français. C'est l'emblème de la cité, celui que vous trouvez sur ses monnaies.

Et je me rappelle alors que Selinunte a vécu. N'est-ce pas dans ce temple C, sur lequel nous sommes montés tout à l'heure, que furent trouvés en 1823, par deux Anglais, dont l'un mourut glorieusement dans l'arène de ses travaux, les premières métopes que je vis au musée de Palerme, le *Char* homérique, *Méduse et les Cercopes?* Ici, entre ces colonnes, a fleuri l'art grec dans sa plus merveilleuse enfance. Des colons de Mégare hybléenne, entre Catane et Syracuse, vinrent fonder Selinunte et dédièrent aux dieux ces temples pareils, qu'ils décorèrent de ces œuvres dont notre âge retrouve les fragments, et dont la gloire ne nous a pas encore rassasiés. En cette pointe sud-occidentale de la Sicile, à deux pas de Lilybée et de Panorme, la Selinunte grecque devait, prudemment, avoir des amitiés carthaginoises. Syracuse lui fit comprendre le danger qu'elle courait. Selinunte alla à Himère pour sauver l'esprit grec, qu'elle poussa jusqu'à poursuivre Segeste implacablement. Citadelle avancée de l'hellénisme, elle fut la première à payer pour lui. En 409, les Carthaginois la saccagèrent. Vingt mille habitants périrent, furent emmenés en esclavage, ou émigrèrent.

Deux ans plus tard, un Syracusain banni, Hermocrate, vint lui rendre un peu de vie. Releva-t-il l'ancienne ville, l'Acropole, ou bâtit-il une seconde ville à l'Ouest, là où sont aujourd'hui les temples E, F, G, que j'ai aperçus en arrivant? Cela, non plus, on ne le sait pas. Si l'on songe pourtant que les secondes métopes que l'on voit à Palerme, l'*Amazone, Jupiter, Diane*, viennent de ces seconds temples, et sont du ve siècle aussi, il ne serait pas téméraire de le supposer. Cent cinquante ans après, en 250, les Carthaginois revinrent et firent le définitif désert. Je suis allé revoir ce dernier groupe de temples. Leur ruine est tout autre. Ils sont confondus en chaos. Ils n'ont rien de la belle ordonnance de l'Acropole. Tout est tombé en tas, comme affaissé et non poussé. La main de l'homme peut s'y retrouver, s'y retrouve. Dans ce cas, comment croire que le cataclysme terrestre se soit limité au premier groupe? Il aurait donc achevé l'œuvre de l'an 250. Mais l'Acropole subsistait-elle encore en 250? Qu'avaient alors accompli contre celle-ci les Carthaginois, en 409? On se sent la tête vide, la raison barrée; c'est le néant, l'impuissance de l'esprit humain, et le fils de Malunkya, que j'évoquais au pied de l'Etna, le voici à Selinunte, sous les apparences de deux voyageurs épouvantés.

A travers les élymes, sous la pluie qui fouette, nous revenons encore à l'Acropole. Nous errons longuement parmi ses belles colonnes couchées depuis tant d'années, intactes dans leur poussière, découpées par tranches nettes. On les a simplement dégagées de la terre qui les recouvrait à moitié, et soutenues, en dessous, par des pierres qui les gardent dans la posture où elles furent, par les jeunes Anglais, découvertes. Entre leurs chapiteaux, des fenouils, des myrtes seuls ont poussé. Voici un trou, pourtant, où a grandi une acanthe. Paolo, fils de Savj-Lopez, me dit:

— L'acanthe germait ici. Si Selinunte avait vécu, peut-être aurait-elle trouvé le chapiteau ionique...

Et nous cueillons tout un bouquet de selinos, que nous mâchonnons avec fébrilité. Nous allons, nous allons toujours, sautant, montant, descendant parmi ces beaux marbres pantelants, impuissants à nous arracher à cette griserie funèbre. Les listels pleurent sous l'eau du ciel et nous ruisselons avec eux... Là-bas, pourtant, derrière les temples de l'Acropole, sous les herbes, tout une ville dort encore. On en a dégagé la rue principale, une belle voie droite aboutissant à des restes de forteresse :

— Regardez ! dis-je. C'est l'Euryèle !

La même disposition, en effet, se présente qu'à Syracuse, les mêmes murs carrés, les mêmes voûtes. Hermocrate vint donc aussi à l'Acropole ? Le mystère augmente de plus en plus. Que cachent ces maisons à peine découvertes, seulement sur la façade de la rue déblayée ? C'est la même rue qu'à Pompei. Des pioches, des pioches, pour faire voler cette terre et cette herbe ! Si l'on songe que, au moment d'Himère, Selinunte envoyait à Olympie une statue de Dionysos en or et en ivoire, quels trésors doit recéler ce sol inexploré ! Hélas ! l'Italie regorge, la Sicile encore plus, de ruines à découvrir. Herculanum n'attend-elle pas aussi ? Selinunte espère son tour, et notre désir ne suffit pas pour l'exhumer.

Tout à l'heure j'ai aperçu, le long de la route, le tracé d'un chemin de fer. Bientôt on viendra jusqu'à ces plages, où un hôtel va se bâtir, par la voie ferrée. Selinunte sera-t-elle une « station d'hiver » ? Elle n'aura pas la luxuriante beauté d'une Taormina ; mais elle aura ses temples inégalables d'émotion, de vertige, d'angoisse. Nous n'y viendrons plus seuls. Nous ne pourrons plus nous promener — même s'il pleut ! — dans ses ruines, sans être distraits de nos rêves par des visages humains. Si du moins nous rachetions les coudoiements d'un peu de richesses, égales à celles que le musée de Palerme nous a fait connaître, et que ces temples basculés, cette ville en vierge poussière nous fait pressentir ! Une Pompei grecque, voilà ce que doit être Selinunte. Qui donc la fera jaillir du sein de sa marâtre et révèlera encore une fois, revanche sur la nature, « le miracle que les Grecs ont su, seuls, accomplir : trouver l'idéal et s'y tenir » ?

Depuis deux heures que nous piétinons dans de véritables marécages où, si le ciel continue à pleurer ainsi, nous nous enliserons bientôt avec les temples, il ne nous manque plus que seize *putti* autour de nous pour nous rendre semblables au Nil du Vatican, ruisselants, mais, hélas! infertiles. Le déjeuner attend sous la banquette de la voiture, les fiaschi réchauffants et les œufs durs illusionnants. Nous ne nous hâtons point pourtant. Et mon compagnon a deviné mon désir de poursuivre :

— Si nous allions jusqu'à la nécropole?

Lui qui, tout à l'heure encore, raillait quelque peu mon enthousiasme, est devenu aussi fiévreux que moi. Et nous voilà partis à travers les herbes, dévalant vers le Selinos, le fleuve devenu ruisseau.

Un sentier, qui descend la colline de l'Acropole, traverse, sur quelques planches, le cours d'eau moins fourni que les nuages, et remonte sur la colline opposée, celle de l'ouest, où s'étend la nécropole. Adossée à la colline, parmi les herbes et quelque culture, la nécropole est délimitée par des restes de murs. Elle s'étend autour d'un temple ruiné et dont il subsiste encore quelques colonnes coupées, jonchées, émiettées. Elle regarde l'Acropole, de l'autre côté du fleuve, les murs enfouis, la forteresse rasée et les tas monstrueux des sept temples. Le terrain est nivelé, terrain caillouteux, dirait-on, de cailloux mêlés à une poussière fine. Cette poussière, ce sont des cendres humaines. Nous foulons des Grecs! Où poser le pied sans être sacrilège? Nos yeux deviennent attentifs. Et peu à peu les cailloux prennent forme. En voici un bizarrement arrondi comme une anse. Un autre montre, dessinées, des lignes de corps humain. Ce troisième semble peint en noir. Il n'en est pas un qui n'accuse une main pétrissante. Nous nous penchons, et en dix minutes nous avons fait la plus folle moisson. Ce matin, à Castelvetrano, j'avais acheté, pour deux francs, une petite tête à peine ébauchée, mais d'un accent si juste qu'on y voyait toute la grâce antique. J'avais pris, en tas, des débris de vases noirs à figures brunes, un pied, une anse, pour quelques sous. Et le musée de Castelvetrano, celui de Palerme aussi, regorgent de figurines, de débris ramassés à Selinunte, ici même, dans cette nécropole. On n'y a laissé que ce qui ne valait pas la peine. Mais pour nous, quels trésors ! Nos poches craquent maintenant sous le poids de nos larcins. Ce n'est rien, ce n'est rien du tout : une moitié de pied de vase, une anse rompue au quart de son développement, une tête fendue en deux, et encore il lui manque une joue, le bord d'une coupe, que sais-je ! Mais tout cela, je le possède après avoir gratté la terre avec mes ongles, je l'ai deviné dans la poussière détrempée, avec mes pauvres yeux myopes ; je l'ai découvert enfin !

Et ce que j'ai découvert, ce sont les menus objets de la vie grecque au ve siècle avant notre ère, lécythes, divinités votives, coupes, tout l'appareil enseveli avec les morts, les compagnons de Pammilus et d'Hermocrate. Je détiens sur mon sein l'intimité de toutes ces ruines que je parcours depuis trois semaines. Jusqu'à cette heure, je n'avais approché cette existence que solennelle. La voici dans ma main, familière et quotidienne, les petits ustensiles et les petites piétés qui composaient le trantran de chaque jour, et dont la somme faisait les héros qui furent à Himère. Un jour, dans des milliers d'années, ceux qui viendront fouiller les ruines de Paris, trouveront peut-être le cendrier où s'éteint mon cigare, un morceau du vase où s'étiolent quelques roses, l'anse de la tasse où je bois le café, pauvres choses sans beauté, empreintes de toute une vie pourtant, aussi peu héroïques que leur maître, symboles cependant de l'unité infime que je suis dans le total innombrable de l'humanité, en notre siècle. Tout parle à qui sait entendre. Peut-être ces objets de mes aises diront-ils, à qui les interrogera, des choses bien différentes de ce que nous fûmes, beaucoup plus belles même que nos plus modestes intentions, ainsi que ces parures funèbres me parlent d'Himère, tandis qu'ils garnissaient peut-être la tombe d'une jeune fille heureuse, ou sans vertu. Misères que tout cela ! C'est néanmoins de ces misères-là qu'est faite la grandeur de la mémoire. Des petitesses humaines, la somme peut être sublime, si les âmes où elles germent fleurissent, à côté, d'aspirations. Ce sont objets de mesquinerie, mais les mesquineries côtoient de nobles désirs. Et lorsque les âges suivants additionnent, ce sont encore ceux-ci qui numérotent le plus de débris.

J'ai là, devant moi, sur ma table, tandis que je rédige ces notes, un petit torse de terre cuite que j'ai ramassé là-bas. Je l'appelle l'Amazone. Une tunique à plis droits tombe du cou coupé, jusqu'aux genoux disparus. Un seul bras, nu jusqu'au coude, replié pour soutenir le khiton rigide, sans ceinture. Le dessin de l'épaule est parfait, d'une tendresse charmante. Et, sur la poitrine, un seul sein, le gauche, bombe les plis qui, à droite, moulent à peine la gorge d'un jeune garçon. Ma petite Amazone de terre cuite, c'est toute Selinunte qu'elle représente à mes yeux. Elle illumine, d'un soleil qui se refusa sans pitié, le souvenir d'heures inoubliables. Et c'est elle qui me répète chaque jour ce que me disait, dans la voiture du retour où nous cahotions notre déjeuner, mon ami Paolo Savj-Lopez, mon ami désormais par les émotions battant en même temps nos deux cœurs :

— Nous ne placerons point ces petites choses sur des coussins de velours, dans des boîtes vitrées couronnées d'or et couvertes de pierreries. Mais puisqu'elles nous parleront de notre pèlerinage et de notre foi la plus vive, de nos amours les plus chères, de la Grèce, mère de nos patries, qui donc oserait leur contester la sainteté des plus incontestables reliques? Nous les vénérerons à l'égal des chefs de martyrs, du chef de sainte Rosalie qui protège Palerme, du chef de saint Denis qui veille sur Paris. Votre Amazone et ma Niobé, de Montmartre au Pellegrino, se tendront la main, et le moins savoureux ne sera pas de voir Roger de Hauteville faire la chaîne.

XIII

UN P. P. C. D'HERCULE

Marsala, Trapani.

A TRAVERS la grande plaine, bientôt la lande, que j'ai vue en allant de Castelvetrano à Selinunte, le train file vers Marsala et Trapani, terme de mon voyage. Demain, je m'embarquerai au pied de l'Eryx, pour Palerme et Naples, quittant la terre fertile où je viens de vivre des jours rapides et heureux. Cette dernière halte n'est pas la plus suggestive. Mais, s'il n'est aucun coin de ce monde où il n'y ait quelque chose à prendre, ce n'est pas la Sicile qui manquera, loin de là, de cette complaisance des choses. Les quelques heures passées à Marsala ne sont pas, pour les curieux d'art, de riche récolte. Un groupe antique grec, venant de Motyé, la primitive colonie des Carthaginois qui se transportèrent à Lilybée après la destruction de Motyé par Denys, groupe représentant le combat d'un tigre contre un taureau ; deux ou trois églises contenant des Gagini ; une ou deux portes ; et c'est tout. Mais il y a, à Marsala, d'autres aspects dont le voyageur en quête d'émotions peut se divertir. Il peut, s'il est curieux d'économie, visiter les caves où, dit Louis Olivier, « les moûts sont traités par les ressources combinées de la bactériologie et de la chimie », où l'on mélange, dit M. de Lestrade, « les vins du terroir, combinés de façon à obtenir un type toujours identique, que l'on laisse vieillir et qu'on alcoolise suivant sa destination ». S'il préfère l'archéologie, il s'intéressera aux grottes et aux tombeaux phéniciens et chrétiens. Si, enfin, lorsque la beauté des monuments et des œuvres d'art vient à manquer, il cherche quelque souvenir historique ou social, l'antique Lilybée lui plaira au titre le plus cher.

Dans cette ville médiocre, je ne m'attache guère qu'au paysage marin, qui est la beauté dont on ne se lasse pas. Des sables, des barques, des rochers au loin, et voilà des rêves pour toute une journée. Dans le va-et-vient de ce port achalandé, mes pensées suivent les bateaux, entrent et sortent avec eux vers les rives africaines ou septentrionales, d'où, tant de fois, fondirent, sur Lilybée, la désolation ou la joie. Et sa gloire moderne n'est pas celle qui l'honore le moins. Bien plus qu'à Denys ou aux Sarrasins, je pense aux deux vaisseaux qui, sur ces bords, déposèrent, le 11 mai 1860, Garibaldi et ces mille et soixante-douze chemises rouges, venant de Gênes où ils s'étaient embarqués. Ils étaient mille. Le 20 juin, les dernières troupes du roi, vingt-trois mille hommes, quittaient la Sicile. Cent mille soldats attendaient, sur le continent, des ordres qui ne vinrent point. Cette histoire des Mille, qui finit par la prise de Naples, il faudrait la lire tout au long. Elle est miraculeuse, et les Siciliens, qui disaient Garibaldi arrière-neveu de sainte Rosalie ou frère du Christ, tandis que les religieuses embrassaient le héros et brûlaient de l'encens en son honneur, les Siciliens sont nombreux à l'avoir célébrée. En France, Alexandre Dumas l'a chantée. Au poème de l'épique conteur je préfère, pourtant, un petit livre trop oublié, écrit par l'un des compagnons français de Garibaldi, l'une des mille et soixante-douze chemises rouges, M. Édouard Lockroy. On peut y suivre pas à pas la belle course vers la délivrance, accomplie dans la bonne humeur et l'insouciance de soi. C'est que, si le courage et la témérité sont nécessaires à ces entreprises, il est un autre facteur indispensable : la complicité du peuple. En lisant les prouesses des Mille, je me reporte à la conquête de la Sicile, sur les Arabes, par les Normands. Les troupes de Roger ne furent jamais plus nombreuses que celles de Garibaldi. On voit le comte de Sicile s'emparer de toutes les places avec six cents cavaliers, quelquefois deux cents ! Ces exploits demandent une société complaisante, impatiente du joug dont on vient la délivrer. Au temps de Roger, le monde grec de Sicile devait être excédé du gouvernement arabe, gouvernement d'émirs travaillant pour eux-mêmes, indépendants, en fait, du khalifat, ne pensant qu'à s'enrichir et non à faire prospérer la part de royaume qu'on leur avait confiée. Verrès se retrouve chez les Arabes. Il se retrouve chez les vice-rois de Ferdinand.

Si nous voulons comprendre, par analogie, ce qu'était la Sicile au milieu du XIXe siècle, nous n'avons qu'à songer à la Turquie d'Abd-ul-Hamid. C'est le même dénuement, la même corruption, le même système de gouvernement par l'espionnage et les massacres, et la même fermentation dans une élite qui sait ce qui se passe en Europe, et qui suit le mouvement des idées et de la politique. Le séjour que fit Ferdinand à Palerme, pendant le règne de Murat, assombrit encore l'horizon. Ferdinand rentra à Naples en 1815. La Sicile n'y gagna rien. Au contraire ; des Vêpres siciliennes à 1735, elle avait été indépendante de Naples. Réunie au royaume de Naples, elle conservait une sorte d'autonomie, son drapeau, son Parlement, son administration. En 1816, c'est l'absorption totale et le retour au régime cynique des vice-rois. C'est la misère et le malheur profonds. Le paysan a plus d'intérêt à prendre le fusil du brigand qu'à travailler. En 1830, lors de l'avènement de Ferdinand II, la Sicile eut quelque espoir : ne se montrait-elle pas fidèle au trône des Bourbons ? Ceux-ci profitèrent de cette fidélité pour supprimer les quelques garanties encore subsistantes. La Sicile comprit enfin qu'elle ne pouvait plus compter que sur elle-même. Dès 1837, lors d'un voyage de Ferdinand, les prodromes se font sentir. En 1840, Michele Amari publie ses *Vêpres siciliennes*, et ce n'est qu'un cri dans toute l'île : Charles d'Anjou, c'est Ferdinand ! Amari dut se réfugier en France. Bientôt arrivent les nouvelles de Toscane et de Rome : les frères d'Italie rejettent leurs tyrans. Le peuple de Messine crie dans les rues : Vive Pie IX ! Vive la Constitution ! Et le 5 janvier 1848, à Palerme, le palais royal est attaqué, les armoiries sont jetées au fumier. Six jours sont donnés au gouvernement pour accorder les réformes. Dès le 10, l'indépendance est proclamée. Un gouvernement est formé, à la tête duquel est placé Ruggiero Settimo, par le Parlement qui déclare les Bourbons déchus de la couronne de Sicile. Le gouverneur napolitain, Majo, se sauve, roulé dans un matelas, et le commandant de la garnison déguisé en femme. Pouvait-on attendre plus de courage de ces serviteurs de Ferdinand, qui, avant de partir, ouvraient les prisons et jetaient sur Palerme quinze mille galériens déchaînés?

Dès juillet, Messine seule restait occupée. Ferdinand II, aussi lâche et abject que son grand-père, offre aussitôt une constitution. La Sicile refuse ces présents de l'hypocrite. Elle s'organise, comme elle peut, en pays indépendant, en face d'une Europe pour qui la conquête « est le premier droit respectable, la volonté des peuples le premier crime ». Ferdinand ne se lassait pas de faire miroiter toutes les libertés, décidé, une fois redevenu le maître, à renier ses promesses. On a reproché à Settimo une certaine faiblesse, surtout son hésitation à proclamer la République définitive, ses négociations pour trouver un roi. La conduite de Settimo s'explique par l'état anarchique du pays. A la base, un peuple complètement abruti par la misère et par la superstition. Au milieu, une bourgeoisie heureuse, pour qui le mot République est synonyme de démagogie. En haut, une aristocratie qui tient au bien mal acquis. Si l'on peut gagner la liberté et l'aisance, se dit Settimo, en acceptant un roi des mains de cette Europe malveillante, doit-on sacrifier la réalité à un mot, à une idée? Car l'Europe est là. Que deviendraient les trônes si les peuples avaient le droit de choisir leurs chefs? Finalement, des deux candidats en présence, le duc de Gênes, protégé de l'Angleterre, et le second fils du grand-duc de Toscane, protégé de la France, c'est le duc de Gênes que choisit le Parlement. Settimo résigne ses fonctions le 10 juillet 1848. Le duc de Gênes, devant la froideur de l'Europe, refuse. Ferdinand II en profite et envoie dix mille hommes devant Messine. Ce fut le carnage. Après le bombardement qui valut à Ferdinand le surnom de *Bomba,* les vieillards sont égorgés, les femmes violées, les enfants coupés en morceaux. Que peut Palerme, où siège un gouvernement qui s'est lui-même discrédité en appelant un roi? En vain le Parlement décrète-t-il la conscription. Plus en vain encore essaye-t-il d'une réforme financière, qui exaspère le haut clergé et les grands fermiers. Rayneval, au nom de la France, et lord Napier, au nom de l'Angleterre, interviennent. Ferdinand se joue d'eux. N'entend-il pas l'appel de l'aristocratie sicilienne qui désire qu'on « s'accorde » avec Naples? Amari accourt en France, et demande à la République française de venir au secours de sa sœur de Sicile. C'est l'amiral Baudin qui répond en plaidant le retour aux Bourbons. Il se sauve, après ce beau conseil, et court encore. Ferdinand promet l'autonomie civile. On prend les armes; on est vaincu. Palerme est emportée. Tout est à recommencer.

Ce fut le parti de l'unité italienne qui récolta les fruits semés par les républicains. De 1848 à 1859, la Sicile est travaillée par les émissaires du Piémont. Crispi et Cavour songent à elle pour la joindre au royaume qu'ils préparent, pour s'en servir dans l'œuvre d'émancipation générale, comme d'un point d'appui d'où l'on partira à la conquête du royaume de Naples. Dès 1856, Garibaldi offre de se mettre en route. Cavour craint Garibaldi, trop honnête homme, trop républicain. Il lui préfère des Piémontais, qui ne réussissent pas. En 1860, Crispi arrive en Sicile où il organise des sociétés secrètes. Il s'abouche avec Garibaldi, qui va débarquer, lorsque Mazzini, aussi craintif que Cavour, lui souffle l'affaire et la donne à Rosalino Pilo, jeune noble sicilien. Pilo échoue; il faut bien, cette fois, s'abandonner à Garibaldi qui fait voile sur Marsala

Quinze jours après, Garibaldi entrait à Palerme, aux acclamations de toute l'Italie, jusque des généraux et des ministres de François II. Seul Cavour n'est pas satisfait. Que fera Garibaldi lorsqu'il aura tout conquis? Cavour sait que Garibaldi est républicain, et qu'il n'abandonnerait, peut-être, son idéal que pour un autre plus terrible encore : Garibaldi accepterait le roi d'Italie, mais à la condition que ce roi fût couronné au Capitole. Napoléon est là qui s'y oppose; l'Empereur a besoin du pape pour sa politique française. Mais, d'autre part, toute l'Italie fermente autour de Garibaldi; si elle allait se soulever, balayer pape et Savoie en même temps? Cavour réussit à effrayer Napoléon. Il promet de respecter Rome, et il obtient la permission d'aider Garibaldi à conquérir Naples, c'est-à-dire de frustrer celui-ci de sa conquête.

Le 20 avril 1860, Garibaldi débarque à Melito avec quatre mille hommes, et emporte Reggio d'assaut. Il y avait en Calabre trente mille Napolitains. Neuf mille, au premier contact, se dispersent après avoir tué leur général. A Cosenza, sept mille autres abandonnent. Douze mille à Monteleone. Garibaldi, pour tout soumettre, n'avait qu'à paraître. Il s'avançait avec une simple escorte, une lieue en avant de ses troupes. Peuple et soldats déliraient. Alors François eut une idée admirable : s'attacher cet invincible en qualité de général. Et il lui offrit cinquante mille hommes à commander pour combattre l'Autriche. Quelques jours après, il se sauvait de Naples, où Garibaldi faisait une entrée triomphale. Le difficile était, maintenant, d'arrêter Garibaldi. Ne prétendait-il pas, l'indiscret, marcher sur Rome? Ne disait-il pas, qui pis est, qu'il ne donnerait Naples à Victor-Emmanuel que sur le Capitole? Le diable était qu'on avait encore besoin de lui : la bataille du Volturne, où il culbuta cinquante mille Napolitains, le fit bien voir. Comment l'arrêter? Un moment l'Italie est sur le point d'assister à un abominable spectacle : les troubles piémontaises attaquant Garibaldi. Celui-ci comprend l'horreur de cette lutte-là. Il courbe la tête et consent à ce qu'offre Cavour : un referendum. La réponse de l'Italie est : réunion de Naples à la couronne — sans Rome. Le 7 novembre, le roi Victor-Emmanuel entrait à Naples, Garibaldi à ses côtés. Quelques jours après, Garibaldi demandait au roi la lieutenance de la Sicile et le renvoi de Cavour. Le roi refusa, et Garibaldi rentra à Caprera, avec cinq cents lires et des graines de haricots dans sa poche. Il devait en partir deux ans après et débarquer à Palerme en déclarant que, cette fois, il marcherait sur Rome. Victor-Emmanuel était-il complice? C'est probable. Mais, encore une fois, Rome fut la plus forte. Elle obligea Napoléon à intervenir encore, et Napoléon força le roi à envoyer une armée au-devant de Garibaldi, qui mit bas les armes. Ce fut Aspromonte. Le lendemain, Garibaldi regagnait Caprera, où il devait attendre pendant huit ans encore le couronnement de son œuvre.

Lorsque les années auront passé, lorsque la figure de Garibaldi aura pris, dans la mémoire des hommes, la place que prennent toutes les grandes figures de l'histoire, il n'y en aura pas de plus haute. Il incarna, pendant toute sa vie, l'âme même de l'Italie. En ce petit coin de Sicile, sur ce cap Lilybée que doublèrent tant de peuples avides, tant de despotes sanguinaires, mit un jour le pied le plus pur des héros. C'est avec une émotion profonde que je salue son image encastrée dans la porte neuve, que je foule cette plage où il descendit pour délivrer ses frères. La Grèce eut Thémistocle, Rome Caton, la France la Pucelle. Au paradis des grands citoyens, c'est à côté de ceux-ci que, pour l'éternité, est assis Garibaldi.

***

Si, ayant quitté Marsala, on approche de Trapani par un temps de brume, il semble que Dédale, vous ayant emporté sur ses ailes, vous a déposé sur les bords d'une mer septentrionale, dans les grandes plaines inondées du Zuyderzée. Ce sont les mêmes canaux bordés d'étroites levées et, au-dessus, les mêmes grandes ailes de moulins. Trapani possède des salines considérables qui, avec la pêche du corail, font sa richesse. Les grands tas blancs s'alignent à perte de vue le long du rivage, tandis que sur la mer glissent les barques de pêche rose. Trapani, c'est le mouvement si pittoresque et joli des ports prospères, comme était Messine hier encore. Lorsqu'on vient de quitter le vide d'une rade de Syracuse, l'animation de celle-ci est charmante et riante au plus haut point. Belles voiles au vent, vapeurs sifflant, pêcheurs et débardeurs affairés, et tous les commerces empressés. Au loin, des rochers, des îles que pressent les bateaux à la recherche des polypes. Partout la vie animée et le labeur heureux. Dans la ville, la même agitation que sur les flots. Rues achalandées, bruyantes et gaies. Quant aux monuments, c'est une vision d'Espagne qu'ils nous offrent. Lorsque Pierre d'Aragon accourut en Sicile afin d'achever l'œuvre commencée par les vêpres du jour de Pâques 1282, c'est à Trapani qu'il débarqua. Trapani semble s'être souvenue de ce choix ; ses monuments se ressentent sinon du voisinage, du moins de la proximité. Trapani recevait, la première, les Espagnols, et l'art baroque, qui a envahi Palerme, a tout dévoré ici. On le voit, et abondamment, se développer au Dôme, à l'oratoire San Michele, à la Lucce, à San Nicola, au Gesù. Aucun de ces monuments n'est capital, aucun ne présente cet intérêt qui oblige à une longue halte. On peut y fortifier ses jugements, les enrichir d'exemples nouveaux. Rien ne peut les modifier ; rien, surtout, de ce qui est ici, n'apporte d'adoucissement à la sévérité.

Trapani, comme Palerme, avait cependant reçu du Moyen Age des monuments qu'elle aurait pu conserver intacts, au moins en témoignage. Le palais de la Giudecca, entre autres, masure aujourd'hui, offrait une base superbe, d'un trapu magnifique, avec ses arcs solides, aussi beau que cet autre palais qu'on voit dans la via Garibaldi. On lui a fait supporter un étage macaronique, où se mélange la Renaissance italienne et l'espagnole, flanqué d'une tour à facettes, contrefaçon absurde des bossages de la Renaissance. Le bossage s'explique, en effet, pour les bases. Le Strozzi de Florence, et le Medici, laissent une impression inoubliable de force, parce qu'il est logique de rendre puissant un rez-de-chaussée qui doit porter d'énormes étages. Mais pourquoi tant d'appareil, en l'air? Le baroque s'accuse ainsi, à chaque coup, d'une inconscience prodigieuse. Il renverse tout, met tout à l'envers, aussi bien les idées que les choses, pinacles sur la pointe, bossages au fronton, assises au faîte. Jugez-le, par exemple, à l'Annunziata, et voyez à côté du portail normand si gracieux avec sa rose, — le même se voit aussi à San Agostino — voyez à côté le clocher baroque aux quatre énormes colonnes qui ne portent rien, et coiffé d'un éteignoir! L'effet est lamentable. Le baroque, je l'ai constaté souvent, peut encore plaire lorsqu'il est seul, comme à Lecce ou à Modène. Il a le genre de beauté qu'entraînent toujours l'harmonie, l'unité. Son grand crime fut, d'abord, de détruire, pour se substituer à ce qu'il ne valait absolument pas, ensuite de se superposer. Il est puni par où il a péché. Ayant laissé de quoi comparer, il porte la peine tout entière de son dérèglement, de sa déraison. Le mot de Burckardt est définitif : « Ce sont choses qu'il suffit d'avoir vues pour les oublier aussitôt ».

Et c'est sur le mont Éryx que je suis monte, pour les oublier mieux. Que dirait Hercule, vainqueur au pugilat d'Éryx, fils d'Aphrodite et fondateur de la ville, s'il savait qu'on arrive au temple de Vénus Érycine en automobile ? Cette force-là, il ne la comprendrait guère, sans massue et sans muscles ! C'est elle pourtant, et j'en ai honte un peu, qui m'a porté là-haut. Elle m'a monté si vite ! A peine le temps de voir Trapani s'enfoncer peu à peu dans la mer ; à peine le temps d'apercevoir entre les pierres du rocher calcaire, les cactus monstrueux, puis des champs d'asphodèles, du genêt tout en fleur à cette époque de l'année, et revêtant les rochers de longues tuniques d'or, des lentisques, des cistes, et leurs chèvres bien entendu ; à peine le temps de noter ces détails classiques en Sicile, et l'automobile me jette devant la cathédrale, dont le porche est un suprême sourire gothique, si ce n'est normand. Une belle tour féodale sert de clocher, l'église elle-même est crénelée ; la ville eut tant à se défendre ! Sa position suprême la rendait, aux temps militaires, précieuse à garder. Comme Solunte, elle a déchu avec la douceur des mœurs. Et le jour où Roger changea le nom d'Éryx en San Giuliano, fut pour cette petite ville le premier de sa décadence.

Dans une île appelée Érythie, aujourd'hui Léon, en face de Gadès, aujourd'hui Cadix, habitait un entreposeur de chair humaine, un négociant en femmes, et qui fournissait le bassin méditerranéen de ses articles. Il eut l'idée, un jour, d'ouvrir un établissement à Éryx, ville où passaient beaucoup d'étrangers, de matelots, comme dans nos ports modernes où le genre de commerce cultivé par Géyron, le marchand d'Érythie, est toujours florissant. La maison d'Éryx ne tarda pas à devenir célèbre dans l'univers, bien achalandée et fournie pour tous les goûts. Voilà la vérité, évidente. Elle est bien vulgaire. Voici ce que les poètes en ont fait. Écoutez la prodigieuse histoire.

Un monstre à trois têtes, fils de Chrysaor et de Callirhoé, Géryon, régnait à Érythie, et qui possédait, entre autres trésors, un certain nombre de vaches magnifiques, dont il avait confié la garde à un autre monstre, Eurythion, et à un chien non moins monstrueux, nommé

Orthos. Qui approchait du troupeau était incontinent dévoré. Lorsque Hercule eut accompli son dixième travail, qui était l'exploit inscrit dans une métope de Selinunte, soit de prendre à l'amazone Hippolyte son bouclier, Eurysthée lui imposa la tâche éminemment morale d'enlever le troupeau de Géryon. Même pour Hercule, l'affaire était d'importance. Il ne crut pas pouvoir moins faire que de réunir une flotte considérable : chacun sa bête ! Le rendez-vous était en Crète, d'où l'on partit. On passa par l'Afrique, où Hercule apprit aux sauvages à cultiver l'olivier et la ciguë, où il purgea l'Égypte d'Antée et de Busiris, bâtit Hécatompyle, éleva ses deux colonnes sur le détroit qu'il franchit, vidant, en passant, comme s'il jouait, la fameuse étable. Poussant ses bovidés devant lui, Hercule parcourut l'Espagne, puis la Gaule et descendit en Italie, franchit le Tibre et se reposa un instant sur le Palatin. De là il traversa les Champs phlégréens où il battit les Géants et arriva enfin sur la côte calabraise. La Sicile lui parut propice à la subsistance de son troupeau. Il le lança à la nage, lui-même enfourcha le taureau. Hercule et ses vaches continuèrent leur route et arrivèrent à Éryx, où régnait Éryx, fils du roi Butès et de Vénus. Éryx voulut profiter d'une telle aubaine, et, jouant le tout pour le tout, il offrit le combat à Hercule, l'un mettant son royaume, l'autre sa denrée, pour enjeux. Éryx fut vaincu. Hercule allait-il devenir un simple potentat? Il évita cette fin piteuse, donna Éryx à ses habitants, — noble exemple! — leur abandonna quelques têtes de bétail, et rassemblant le reste de son monde, s'en alla vers d'autres travaux : Cerbère le guettait au détour.

Avant de partir, toutefois, Hercule se demanda quel bon tour il pourrait jouer à son ennemi, quel souvenir il pourrait lui laisser de son passage. Neuf mois après le départ du fils d'Alcmène, Psophis, fille d'Éryx, mettait au monde deux jumeaux, Ekhéphron et Promakos. A la mort de leur aïeul, ces frères devinrent rois, et leur premier soin fut d'élever sur le promontoire un temple à Vénus. Énée, on le sait, le visita, et y sacrifia à sa mère. Les Romains ne pouvaient faire moins que leur ancêtre, et Diodore nous dit : « Lorsque leurs consuls, leurs généraux, en un mot tous ceux qu'on envoie en Sicile revêtus de quelque dignité, sont arrivés à Éryx, ils offrent de magnifiques sacrifices dans le temple de Vénus. Se dépouillant ensuite de cette fierté qui leur est naturelle, ils se mêlent dans les assemblées des femmes et jouent avec elles, croyant que c'est la seule manière de faire agréer leur domination à cette déesse ». Et Strabon conclut : « Il y avait dans le temple d'Aphrodite des jeunes femmes qui se prostituaient aux étrangers en l'honneur de la déesse ».

Mais Strabon était un savant. Et les savants n'aiment pas les légendes. On a pu suivre, au cours de ce récit de l'exploit herculéen, la vérité scientifique. Le commerce de Géryon, la surveillance des gardiens fidèles, l'envoi d'une manade, accompagnée d'un de ces gardiens, à travers les pays où l'on fait des placements avantageux de l'article à vendre, l'arrivée enfin en Sicile, à Éryx, où une maison est ouverte pour les matelots, tout cela est devenu un travail d'Hercule et un rite pieux de la déesse. Combien la légende est préférable ! La vérité, je ne ferais pas trois pas pour connaître ces lieux, si elle était seule à les peupler. Tandis que je cherche avec émoi les restes de ce temple d'Aphrodite — dont je ne me soucierais guère, même s'il possédait encore ses attractions, s'il fallait le réduire à un tel asile..

Déjà, du temps de Pausanias, l'établissement de Géryon, aux rives de Trapani, avait périclité. Le temple de Vénus était fermé, voire détruit. Strabon nous dit, cependant, qu'on y faisait des sacrifices humains, tels qu'on n'en vit jamais dans toute l'antiquité. Hélas ! je crains bien que ces sacrifices ne fussent que du genre de celui accompli par les passants : ils devaient ressembler à l'immolation des femmes « qui se prostituaient aux étrangers en l'honneur de Vénus ». Sacrifices ou non, la pierre en est brisée. On veut encore reconnaître les restes du temple dans les soubassements du château, à l'extrême pointe de l'Éryx. Le temple-château n'a pas changé grand'chose à sa destination première : il sert de prison.

Autour de moi se déroule le panorama sicilien, que j'ai vu déjà tant de fois, à Taormina, à Solunte, au Pellegrino, la côte découpée, les villes accroupies, les champs verdoyants tout diaprés de fleurs, les monts solennels, la mer bleue piquée de voiles blanches et, dans les lointains, les îles mystérieuses. Là-bas, dit-on, on aperçoit quelquefois la terre d'Afrique. Tout cela, réuni sous mes yeux, c'est ma vie de ces dernières semaines, c'est celle aussi des années que j'ai passées à parcourir la terre italienne. Depuis ses jours les plus modernes de Lombardie jusqu'à ses origines les plus fabuleuses, je l'ai étudiée et interrogée cent fois, cette riche terre ! Et lorsque je veux récapituler, tout d'une voix elle me répond par un seul mot : beauté. L'île de Sicile est encore celle qui le prononce avec le plus de pureté. Cette beauté grecque qu'elle nous a transmise, sans doute Rome la demanda aux rives athéniennes. Mais si Rome passa l'Adriatique, éperdue du miracle accompli par les enfants de Cadmus, nous ne pouvons oublier que, avant de conquérir les Cyclades, elle avait conquis la Sicile. C'est ici qu'elle subit le premier choc. Syracuse, Agrigente et Segeste eurent ses premiers embrassements. Leur saveur lui resta si parfumée sur les lèvres qu'elle poursuivit ce baiser jusque dans les bras maternels. C'est grâce à la Sicile, n'en doutons point, que nous connaissons la beauté. Rome, la Rome politique, mourut sous les caresses : le mirage oriental la perdit. Mais la Rome morale, la Rome idéale y gagna l'immortalité. Nous ne pouvons, encore aujourd'hui, goûter les chefs-d'œuvre que par son entremise. La Sicile fit son éducation, éveilla ses sens et son esprit. Venons donc, à notre tour, nous, enfants de Rome et de la Grèce, venons en Sicile, incessamment, rendre les devoirs légitimes. Et lorsque nous y rencontrerons quelques-uns de nos ancêtres, les enfants de Tancrède de Hauteville, à notre piété ajoutons de la tendresse. Cette terre de Sicile est la plus féconde qui soit pour un Français. Ici, il trouve résumé tout ce qui fait sa qualité de race : le culte du beau, le courage, le jugement et l'adresse. Ce que Gœthe disait de l'Italie, nous pouvons nous l'attribuer aussi : « L'Italie sans la Sicile ne laisse aucune image dans l'esprit : c'est là qu'est la clef de tout ». Cette clef-là ouvre aussi les portes de notre patrie. Et si l'avidité passée, présente aussi, des hommes, a rendu cette terre si différente, par sa misère, de la nôtre, n'est-ce pas une raison pour que nous l'aimions encore plus ?

INDEX ALPHABÉTIQUE

POUR LES

QUATRE VOLUMES DE PETITES VILLES D'ITALIE

—

TABLE DES MATIÈRES

CHARTRES. — IMPRIMERIE DURAND, RUE FULBERT.

www.ingramcontent.com/pod-product-compliance
Ingram Content Group UK Ltd.
Pitfield, Milton Keynes, MK11 3LW, UK
UKHW021101220726
13924UKWH00005B/2180